公共资源配置方式创新研究

陈少强　覃凤琴　著

中国财经出版传媒集团
中国财政经济出版社

图书在版编目（CIP）数据

公共资源配置方式创新研究／陈少强，覃凤琴著． ——北京：中国财政经济出版社，2022.6
ISBN 978-7-5223-1462-4

Ⅰ.①公… Ⅱ.①陈…②覃… Ⅲ.①公共服务 – 资源配置 – 研究 – 中国 Ⅳ.①D669.3

中国版本图书馆CIP数据核字（2022）第094210号

责任编辑：刘五书　　　　　　责任印制：张　健
封面设计：孙俪铭

中国财政经济出版社 出版

URL：http://www.cfeph.cn
E-mail：cfeph@cfemg.cn
（版权所有　翻印必究）
社址：北京市海淀区阜成路甲28号　邮政编码：100142
营销中心电话：010-88191522
天猫网店：中国财政经济出版社旗舰店
网址：https://zgczjjcbs.tmall.com
北京财经印刷厂印刷　　各地新华书店经销
成品尺寸：170mm×240mm　16开　9.75印张　180 000字
2022年6月第1版　2022年6月北京第1次印刷
定价：65.00元
ISBN 978-7-5223-1462-4
（图书出现印装问题，本社负责调换，电话：010-88190548）
本社质量投诉电话：010-88190744
打击盗版举报热线：010-88191661　QQ：2242791300

目 录

第1章 绪论 …………………………………………（1）

    1.1 　研究背景 …………………………………………（1）
    1.2 　基本概念 …………………………………………（4）
    1.3 　基本理论 …………………………………………（13）
    1.4 　文献综述 …………………………………………（22）

第2章 公共资源配置方式创新的发展演变 ……………（35）

    2.1 　自然资源领域 ……………………………………（36）
    2.2 　经济资源领域 ……………………………………（69）
    2.3 　社会资源领域 ……………………………………（86）

第3章 公共资源配置方式创新的基本情况 ……………（96）

    3.1 　自然资源领域 ……………………………………（96）
    3.2 　经济资源领域 ……………………………………（101）

3.3　社会资源领域 …………………………………………（107）
　　3.4　以交易平台建设推动公共资源交易市场化改革
　　　　的实践探索 ……………………………………………（111）
　　3.5　启示与思考 ……………………………………………（124）

第4章　公共资源配置方式创新中存在的问题 ……………（128）
　　4.1　顶层设计缺失 …………………………………………（129）
　　4.2　公共产权模糊 …………………………………………（131）
　　4.3　核算基础不实 …………………………………………（134）
　　4.4　创新动力不足 …………………………………………（136）
　　4.5　评估体系缺乏 …………………………………………（137）

第5章　进一步完善公共资源配置方式创新的思考 ………（139）
　　5.1　基本原则 ………………………………………………（139）
　　5.2　若干建议 ………………………………………………（142）

参考文献 ………………………………………………………（147）

第 1 章

绪 论

1.1 研究背景

2013年11月召开的党的十八届三中全会明确提出,要"使市场在资源配置中起决定性作用"和"更好发挥政府作用"。其中关于"使市场在资源配置中起决定性作用",于2013年11月召开的党的十八届三中全会《中共中央关于全面深化改革若干重大问题的决定》(以下简称《决定》)有明确表述,"必须积极稳妥从广度和深度上推进市场化改革,大幅度减少政府对资源的直接配置,推动资源配置依据市场规则、市场价格、市场竞争实现效益最大化和效率最优化。"关于"更好发挥政府作用",党的十八届三中全会《决定》也有明确表述,"主要是保持宏观经济稳定,加强和优化公共服务,保障公平竞争,加强市场监管,维护市场秩序,推动可持续发展,促进共同富裕,弥补市场失灵。"从资源配置的作用来看,市场的决定性作用被强化,政府是在特定领域更好地发挥作用,为此,需要政府职能继续推出"越位"的领域,同时一些"缺位"的领域也要补短板,但如何创新公共资源的配置方式,党的十八届三中全会并未明确提及。

《中共中央办公厅、国务院办公厅印发〈关于创新政府配置资源方式的指导意见〉的通知》(中办发〔2016〕75号)所提及的政府配置资源其实可以归纳为三种,即政府配置资源的服务方式、组织方式和监管方式。在服务方式里面更加强调要完善政府采购服务制度,政府购买的服务制度,构建多元化的公共服务的供给体系。在组织方式中,文件提出来建立"一个清单、一个平台、两个机制"。"一个清单"就是公共资源目录资源,这个清单可以根据资源的变动进行动态调整及时更新;"一个平台"就是公共资源统一交易平台,下一个重点就是推动公共资源交易的全过程电子化;"两个机制"是完善市场交易机制和建立健全信息服务机制。从监管方式上来讲,文件强调要把市场主体的信用信息作为监管的重点,实现四个方面的监管,具体包括:一是信用监管,加快推动配置资源领域的社会信用体系建设；二是协同监管，建立跨部门，跨区域的执法协作机制，使监管资源本身也可以共享；三是动态在线监管，运用现在的互联网大数据，技术手段对公共资源配置的各个环节，实施电子化行政监督；四是全过程监管，确保全过程的公开透明。

随着《关于创新政府配置资源方式的指导意见》（中办发〔2016〕75号）的出台，公共资源与市场配置形式形成良性对接机制正在成为发展趋势。各类公共资源，包括自然资源、社会资源、行政资源以及政府资金购买的货物、工程、服务、项目资金分配、PPP建设项目等，都将进入市场或与市场机制兼容。如何推进和规范市场化配置、建立公共资源配置中合理竞争的理论体系、制度体系、体制机制，是当前和今后一个时期面临的重要课题。

2018年12月18日，习近平总书记在庆祝改革开放40周年大会上的讲话中指出，中国经历了"从传统的计划经济体制到前无古人的社会主义市场经济体制再到使市场在资源配置中起决定性作用和更好发挥政府作用"的发展阶段，并指出，要在"前进道路上，我国必须毫不动摇巩固和发展公有制经济，毫不动摇鼓励、支持、引导非公有制经济发展，充分发挥市场在资源配置中的决定性作用，更好发挥政府作用，激发各类市场主体活力"。

2018年12月19日至21日在北京举行的中央经济工作会议指出，要切实转变政府职能，大幅减少政府对资源的直接配置，强化事中事后监管，凡是市场能自主调节的就让市场来调节，凡是企业能干的就让企业干。此外，本次经济工作会议还提出，要适应新形势、把握新特点，推动由商品和要素流动型开放向规则等制度型开放转变。中央经济工作会议释放的信号十分明显，政府配置资源的数量和种类要大大减少，政府配置资源的方式也要通过市场化、公开透明、开放等方式进行创新。

2019年3月5日，国务院总理李克强在2019年政府工作报告中指出，"要处理好政府与市场的关系，依靠改革开放激发市场主体活力"，并指出"政府要坚决把不该管的事项交给市场，最大限度减少对资源的直接配置"。

1.2 基本概念

1.2.1 公共资源

从资源的定义看，《辞海》定义为"一国或一定地区内拥有的物力、财力、人力等各种物质要素的总称"。也就是说，资源是社会经济活动中物力、财力和人力的总和，是社会经济发展的基本物质条件，通常可分为自然资源和社会资源两大类，前者包括阳光、空气、水、土地、森林、草原、动物、矿藏等；后者包括人力资源、信息资源以及经过劳动创造的物质财富等。在经济学中，资源有狭义和广义之分，狭义资源是指自然资源，广义资源是指经济资源或生产要素，包括自然资源、劳动力和资本等。

公共资源应当是一个整体性范围，包含国家所有的资源，主要可以分为五大类：

第一类是自然资源，包括法律明确规定由全民所有的土地、矿藏、水流、森林、山岭、草原、荒地、海域、无居民海岛、滩涂等。

第二类是经营性国有资产，包括作为市场主体的企业所拥有的国有股权和国有权益，包含金融类和非金融类经营性国有资产。

第三类是非经营性国有资产，包括各类行政事业单位用于实施公共管理和提供公共服务目的的非经营性国有资产。

第四类是基础设施，包括水利、公路、桥梁、港口、航道等公共服务基础设施。

第五类是社会资源，包括医疗、教育、卫生等社会服务资源。

1.2.2　公共资源配置

对于公共资源配置，目前并没有明确的定义。在《国务院办公厅关于推进公共资源配置领域政府信息公开的意见》(国办发〔2017〕97号)中,公共资源配置通过列举的方式加以说明,主要包括保障性安居工程建设、保障性住房分配、国有土地使用权和矿业权出让、政府采购、国有产权交易、工程建设项目招标投标等社会关注度高,具有公有性、公益性,对经济社会发展、民生改善有直接、广泛和重要影响的公共资源分配事项。这种定义的优点是明晰了公共资源配置的对象,但并未涵盖公共资源的相关内容,如基础设施、社会资源等。

我们认为,公共资源配置的定义应当参照资源配置来确定,因为其实质是资源配置在公共资源领域的应用,因此,我们把公共资源配置定义为:公共资源配置是基于公共管理和公共服务目的,针对公共资源进行的在各种不同用途之间加以比较作出的选择和分配。

这一定义包含以下要点:首先,公共资源配置可以理解为一个过程,从公共资源的界定、公共资源的取得,到公共资源的分配以及后续与此相关的交易、转让、处置等行为,都是公共资源配置的内容;其次,公共资源配置在不同的环节可以选择不同的具体方式,如可以选择通过市场机制实现,也可以基于其公共服务性质选择通过行政方式实现;再次,公共资源配置应当对各种不同用途进行衡量,配置过程中的选择应当有所侧重;最后,公共资源配置应当在公共制度框架内实现,其最终目标是为公民更好地提供公共产品和公共服务。

具体说来,公共资源配置包括以下要件(配置方式另行单列):

(1) 公共资源配置目标

公共资源配置的根本目标是实现公共资源配置效益最大化和效率最优化。公共资源的使用应当注重提供数量尽可能多、质量尽可能好的公共产品和公共服务，这一点和私人部门资源配置是一样的，因此，公共资源配置通过经济上的"成本—收益"能够体现"效率最优"，通过社会和生态等具有的"外部性"和"公共性"方面的评价能够更好体现"效益最大"。

(2) 公共资源配置主体

一般说来，公共资源配置主体是政府，这是按照契约理论的要求而作出的判断。作为公共资源配置主体，政府在公共资源配置中的角色定位必须清晰化，这是架构规范的公共资源配置秩序的重要问题之一。这就必须明确界定政府的功能，严格区分政府的管理者和所有者身份。政府在公共资源资源配置过程中是平等的参与者，政府作为公共资源配置主体，行使产权所有者的职能，在配置过程中成为具有平等地位的一方，基于这一角色定位，作为公共资源配置主体的政府应当严格遵守公共资源配置规则，不能有超越公共资源配置秩序之上的特殊权限。

政府作为公共资源配置主体，应当明确参与公共资源配置具体过程的代表人，也就是确定具体单位或机构作为特定公共资源的使用权代表参与配置过程。在我国多级政府体系中，每一级政府、每一个单位都有具体的职能和管理权限，参与公共资源配置，就需要明确指定具体的主体，例如，某一单位或某一部门代表政府行使所有权。原则上，从产权清晰的角度看，特定公共资源的每一项所有权应当单一地、明确地对应某一个代表机构，不重不漏。这就涉及政府间公共资源产权关系的界定，包括中央政府与地方政府间基于特定资源的产权关系的界定，地方各级政府间基于特定资源的产权关系的界定、政府与部门间基于特定资源的产权关系的界定以及部门内各个单位间基于特定资源的产权关系的界定。

（3）公共资源配置客体

公共资源配置客体即公共资源配置范围，在2017年1月12日中共中央办公厅、国务院办公厅印发的《关于创新政府配置资源方式的指导意见》中，公共资源配置范围包括三类：一是自然资源，即法律明确规定由全民所有的土地、矿藏、水流、森林、山岭、草原、荒地、海域、无居民海岛、滩涂等自然资源；二是经营性国有资产，包括金融类和非金融类经营性国有资产；三是非经营性国有资产，指用于实施公共管理和提供公共服务目的的非经营性国有资产。在国务院办公厅印发的《关于推进公共资源配置领域政府信息公开的意见》（国办发〔2017〕97号）中，通过列举的方式说明，公共资源配置范围主要包括保障性安居工程建设、保障性住房分配、国有土地使用权和矿业权出让、政府采购、国有产权交易、工程建设项目招标投标等社会关注度高，具有公有性、公益性，对经济社会发展、民生改善有直接、广泛和重要影响的公共资源分配事项。笔者认为，前述的五大类公共资源更符合当前中国的实际。

1.2.3 公共资源配置方式

公共资源配置方式通常包括两大类：行政配置方式、市场化配置方式。

（1）行政配置方式

公共资源行政配置是指政府通过行政手段、自由买卖等非市场公开竞争配置公共资源的方式。行政配置方式是与计划经济相关的概念。在计划经济条件下，计划部门根据社会需要，以计划配额、行政命令来统管资源和分配资源。我国改革开放以前的一段时间里，计划曾经是资源配置的主要方式，在特定条件下，这种方式有可能从整体利益上协调经济发展，集中力量完成重点工程项目。但是，配额排斥选择，统管取代竞争，市场处于消极被动的地位，从而易于出现资源闲置或浪费的现象。

政府是行政配置方式的主体，对于必须保障国家主权、国家安全、施政需要、政府运行以及国家所有权等方面的公共资源配置，首先应当考虑运用行政配置方式实现国家意志，保护国家利益，或者建立以行政配置方式为主的框架，在这个过程中，政府要恰当使用行政权力参与配置活动。

需要注意的是，运用行政方式配置公共资源，应当建立起全面、有效的公共监督体系，通过多元的监督主体、公正的监督程序，实现行政配置的规范化运行，对政府部门的权力加以必要的、适当的约束，避免可能出现的固化问题、管理主体权责不对等问题。

行政配置公共资源的具体实现形式包括行政划拨、行政给付、行政审批、行政出让、行政购买、指令调拨、准入限制、征用征收、政府特许、政府投资、配额交易、采购储备、财政补贴、价格干预等。

（2）市场化配置方式

公共资源市场化配置就是指遵循社会主义市场经济规律，在政府宏观调控下，依据法律法规，经过科学合理程序，运用价格调节的手段，通过市场竞争方式进行的公共资源配置。市场竞争方式有利于最大限度地调动各方积极性，实现公共资源配置的合理、高效。

理论上，与经济学上的要素配置一样，所有的公共资源都可以通过市场化方式进行配置；从逻辑上分析，公共资源收益全民共享机制的建立，必须以公共资源配置的市场化为基础。公共资源市场化配置，才有效率可言；公共资源收益全民共享机制建立，才有公平可说。因此，创新政府配置资源的方式要充分运用市场手段。具体来说，市场要实现优化配置公共资源这一功能应当具备以下条件：自由竞争的市场环境；理性经济人假设；自由的市场选择；发挥价值规律的调节作用；供需双方受同一规则支配；真正地实行优胜劣汰；在具体时空（环境）条件下进行等。

与其他资源配置一样，市场化配置公共资源也是主要通过价格、供求、竞争等机制来实现。一是市场规则。市场规则，就是产权明晰、交易平等、有序，参与各方共同遵守的行为准则。遵守市场规则，就是不能有任何形式的特权、不能侵权，不能强制交易或人为设置障碍。市场化配置公共资源配置必须遵循市场规则。二是市场价格。市场价格反映供求，是市场化配置公共资源的基本标准。党的十八届三中全会《决定》明确提出，"凡是能由市场形成价格的都交给市场，政府不进行不当干预""政府定价范围主要限定在重要公用事业、公益性服务、网络型自然垄断环节，提高透明度，接受社会监督。"在公共资源市场化配置过程中，价格工具是主要的手段。三是市场竞争。市场竞争是市场配置公共资源的主要机制，是提高配置效率、增加配置透明度的必经途径。在公共资源配置过程中，只有尽可能减少政府直接投资，避免搞行政审批和行政垄断，充分引入市场竞争，发挥其积极作用，才能够在真正意义上实现公共资源配置的目标。当然，公共资源配置过程中的市场竞争可以有特定的方式，包括特许经营、公开招标、政府采购、委托经营等。

1.2.4 公共资源配置方式创新

公共资源配置创新就是在公共资源配置过程中，围绕公共资源配置目标，在公共资源配置主体、客体和方式等方面进行的改进和优化，实现公共资源公平、高效的配置过程。

在公共资源配置创新过程中，基于公共选择的政府决策和基于交易的市场决策两者的结合，形成政府配置资源中"政府—市场"不同程度的搭配，政府配置由强到弱呈现所谓"色谱"状混合分布，即指令调拨、准入限制、征用征收、政府特许、政府投资、配额交易、采购储备、财政补贴、价格干预、强制标准等。

这些手段根据不同的目标和对象，在不同领域又出现各种具体形式：①政府投资，可以有直接投资办企业，也可以有股权投资，或者引导投资。②政府和社会资本合作（PPP），有时也成为政府特许，即可以有一定期限的土地使用权，也有某一领域或范围某一事项的特许，还可以有某一范围或数量的特许（如采矿权探矿权）。其实配额就属于一种数量特许，如取水权、排放权，配额交易就是允许这种被特许的权利进入市场按照"价高者得"的原则进行配置。③财政补贴，可以有最低标准补贴、最低价格补贴、信贷补贴、保险补贴、出口补贴，税收减免可视为某种财政补贴。④价格干预，也有直接政府定价，还有区间价格限制，或者指导价格。⑤强制标准则是因克服信息不对称或外部性，包括质量、环境、安全、健康、公众其他要求等原因，对经济行为推出可识别、可核查数量准则，从而进行事中事后的政府监管，对达不到标准者加以取缔或处罚。

根据公共资源配置创新的具体内容，可以分为总量上的创新和结构上的创新。总量上的创新，包括：①减少政府直接配置的数量和种类，减少行政审批，实施"放管服"，实施负面清单管理和减少政府直接干预等；②增大市场配置的内容，包括：放宽市场准入，让市场参与配置公共资源（如在 PPP 活动中社会主体参与公共基础设施和服务的建设和运营等），或者是让公共资源以市场化的方式参与（如专项转移支付的竞争性分配）；③公共资源的其他配置方式，如社会公众参与公共预算的分配（如国外兴起的社区领域的参与式预算）。

公共资源结构上的创新，主要是包括：①在公共资源配置中，增加市场配置资源的比重；②在政府配置的公共资源中，实行类市场化的配置，如财政分权以及地方政府竞争等。

受限于篇幅，本书主要侧重于研究公共资源的市场化配置问题。

1.3 基本理论

1.3.1 产权理论

公共资源配置方式的市场化的前提条件之一，就是要有明确的产权边界。产权是指主体对于特定财产拥有法定关系并由此获得利益的权利，一般包括财产的所有权、占有权、支配权、使用权、收益权和处置权。在市场经济条件下，产权的属性主要表现在三个方面：产权具有经济实体性、可分离性、产权流动具有独立性。有效的公共资源配置机制应当首先包括明确的、适合的产权制度，这是其正常运行的基本条件和必然要求，明晰的产权关系能够保障在公共资源配置过程中，各类性质的不同产权主体拥有平等权利。公共资源的所有权属于国家，但其产权可以为多个市场主体所拥有，这类产权可称之为公共产权。公共产权涵盖国家和集体所有的自然资源、经营性资产、非经营性资产等，本书界定的公共资源属于公共产权的范畴。

长期以来，我国公共资源尽管法律上明确了所有权主体，如《中华人民共和国宪法》规定，土地、矿山、森林、湖泊、海滩等都是公有制范畴，属于全民或集体所有，归为公共产权，建立了所有权制度。但是，由于并没有明确建立公共资源产权制度，因此，公共资源配置一直以非市场化方式进行，采取"公有公用公营"方式、计划和行政权力配置方式，即以行政配置方式为主。党的十九大报告指出，"坚持社会主义市场经济改革方向""加快完善社会主义市场经济体制"，明确"经济体制改革必须以完善产权制度和要素市场化配置为重点，实现产权有效激励、要素自由流动、价格反应灵活、竞争公平有序、企业优胜劣汰"。对于公共资源来说，意味着通过市场化方式进行公共资源配置，盘活公共资源、实现公共资源的价值。因此，通过市场实现公共资源的形成、分配（交易）、使用、转让（交易），就成为公共资源配置重要的制度性安排的内容，成为公共产权领域改革的重要方面。

通过市场化方式进行公共资源配置，是要实现真正的市场化，而不是伪市场化。当前存在的一些国有资源出让流转不规范的问题，例如一些部门、企业或个人结为利益共同体，以打着市场化、招商引资、企业改制等旗号，或通过定向招标等手段，获得了资源与机会，支配了大量的土地、矿产、金融等资源，进而获取大量财富的行为，就是伪市场化，应当在改革过程中坚决杜绝。这些不规范的做法，导致很多暴富者与国有资产、土地、矿山、煤炭等公共资源联系在一起，这不是在创造财富，而是在转化财富，在整个利益链条上滋生各类腐败、分配不公和生态破坏，使公共资源处于无序和失控状态，使国家所有制名存实亡，所有者权益以及制度设计的初衷无法体现，很多资源的定价无法反映供需、稀缺和外部性，要素市场长期处于发育迟缓、扭曲状态，导致我国公有制"悬置"、基本经济制度框架不健全。这些问题与公共产权制度密切相关，公共产权改革成为当前我国改革全面深化的重点和难点。

在公共产权制度构建过程中，有两个问题十分重要：一是如何处理政府与市场的关系；二是如何界定中央与地方的关系。在政府与市场间的产权关系中，应当遵守的基本原则是，让市场主体获取公共资源产权的机会都是平等的，并通过完整的资源价格反映公共资源的稀缺性、外部成本以及预期收益。在中央与地方之间的产权关系中，应当遵守的基本原则是，中央政府作为所有者如何向地方"确权"，明确规定公共资源收益共享，并基于此规范、激励和约束地方政府行为。

1.3.2　新公共管理理论

公共资源配置方式创新的缘由之一在于提高公共资源配置主体（政府）的配置效率，公共资源配置方式创新的理论基础也与新公共管理理论有关。

从20世纪80年代开始，西方发达国家掀起了一场名为新公共管理的政府改革运动。这场运动，至今方兴未艾，对西方整个公共管理尤其是政府管理产生了重大影响。新公共管理观点众多，但在本质上是相同或相似的，都主张引入市场竞争机制，采用私人部门管理理论、方法及技术，以市场或顾客为导向，重新调整国家、社会、市场三者的关系，提高公共管理水平及公共服务质量。其理论要点，可归纳如下：

（1）以市场为取向，重塑政府与公众的关系

这是新公共管理理论最重要的核心理念。市场遵循价值规律。以市场看待政府运作，则公众如顾客，政府为厂商。政府行政，应奉行顾客至上准则。政府不再是发号施令的权威官僚机构，而是以人为本的服务提供者，政府公共行政不再是"管治行政"而是"服务行政"。作为"企业家"的政府并非以营利为目的，而是把经济资源从生产效率较低的地方转移到效率较高的地方。公民是享受公共服务的"顾客"，可以"用脚投票"自由选择服务机构。这样，新公共管理就建立了以"顾客"的满意度为中心内容的绩效考核机制，成为一

种目标导向。定期广泛征求公民意见，评价公共服务。在评价时，注重换位思考，以顾客参与为主体，通过顾客介入，保证公共服务的提供机制符合顾客的偏好，以此产出高效的公共服务。

（2）确立政府有限责任，由"划桨"转为"掌舵"

新公共管理认为，在传统公共行政模式中，政府职能有不断扩张的冲动，直接导致了职能膨胀、机构扩大直至臃肿。因此，政府首先应该解决自身职责定位问题，即该管什么不该管什么，分清管理和具体操作。政府在公共行政中，只是制定政策而不是执行政策。著名学者戴维·奥斯本等将此概括为，政府的角色应是"掌舵"而不是"划桨"，传统政府低效的一个重要原因就是忙于"划桨"而忘了"掌舵"，做了许多做不了、做不好、舍本求末的事情。彼得·德鲁克强调："任何想要把治理和实干大规模地联系在一起的做法只会严重削弱决策的能力。任何想要去决策机构亲自实干的做法也意味着干蠢事。""掌舵"后，"划桨"的任务应交给私人部门和非营利组织、社区组织、公民自治组织等第三部门。政府通过重新塑造市场，在政策和资金方面，施加各种可行和有利的影响。这样，政府就成为多元管理主体的组织者、协调者，是多元管理主体的核心。

（3）全面引入竞争机制，切实提高工作效率

新公共管理主张在政府管理中广泛引入市场竞争机制，让更多的私营部门、非营利组织参与提供公共服务，以节约成本，提高服务供给的质量和效率。巴扎雷说，摒弃官僚制的时代已经到来，公共管理由重视"效

率"转而重视服务质量和顾客满意度，由自上而下地控制转向争取成员的认同和争取对组织使命和工作绩效的认同。政府的公共服务，可采用合同外包的办法，通过市场检验，判断出新政策的合意性。竞争的目的是追求效率，这是公共行政的出发点和落脚点。为此，新公共管理提出三种方法：一是实施绩效目标控制。强调实行严明的绩效目标控制，以取代严格的行政规制，即确定组织、个人的具体目标，并根据绩效目标对完成情况进行测量和评估。二是更加重视结果。与传统的行政管理只注重投入，不重视结果不同，新公共管理根据交易成本理论，重视管理活动的产出和结果，关注公共部门直接提供服务的效率和质量，主张对外界情况的变化以及不同的利益需求做出主动、灵活、低成本、富有成效的反应。三是引入私营部门成功的管理经验。如人力资源管理、强调成本—效率分析、全面质量管理、强调降低成本，提高效率等，这些都是企业管理中行之有效的手段，公共管理必须引入。新公共管理特别指出，政府人员与市场中的理性经济人一样，具有自我利益最大化、逃避责任、机会主义、自我服务、欺诈及导致道德风险的内在倾向。其与私营管理人员在管理绩效上的优劣之别，原因不在于自利的人性，而在于管理环境的不同。冗繁的程序规则恶化管理环境，压抑管理者情绪，导致低劣的绩效。因此，管理需要"自由化"，做到"让管理者来管理"。

1.3.3 现代治理理论

治理在本质上是对政府失败和市场失灵的一种反映，它旨在弥补两者的缺陷，寻求两者之上的第三条道路；意味着政府在治理过程中不是以权威的身份参与治理，而是以与其他团体、公民平等的身份去参与，与它们协商合作，共同治理。它的根本特征是自愿性、一致同意、责任性和公开性、透明性。新的政府治理模式是在对传统治理模式的批判和修正的过程中建立起来的，也是伴随着当前广泛应用的新公共管理的兴起而提出的，这也是当今政府改革和探索的过程。在这个过程中，众多的学者从不同角度对新的政府治理模式进行了概括，较有影响的主要有以下几种理论范式：

戴维·奥斯本（Osborne）和特德·盖布勒（Gaebler）的"企业化政府"模式。这个于20世纪90年代初提出的模式代表了新公共管理的核心理念，它的主要内容是公共管理的自由化和市场化取向，管理者必须从政府的繁文缛节中解脱出来，在公共部门内部创立内部市场，把私人部门的管理实践和方法应用于公共部门。奥斯本和盖布勒的"企业化政府"模式是新公共管理运动中的代表模式。

E. 费利耶（Ferlie）的四种模式。英国学者费利耶认为在当代西方政府改革运动中，至少出现了四种不同于传统的政府治理模式的新模式，这四种模式及其特征分别是：①效率驱动模式。这种模式代表了将私人部门管理方法引入公共部门管理的尝试，强调公共部门与私人部门一样要以提高效率为核心。②小型化与分权模式。这种模式的特征是组织的分散化和分权，加强组织的灵活性。③追求卓越模式。它强调价值、文化、习俗和符号等在实际行为的形成过程中的作用，强调组织文化、组织学习和组织发展。④公共服务取向模式。它关心提高服务质量，强调产出价值，但同时注重私人管理方式的应用。

B. 盖伊·彼得斯（Peters）的"政府未来的治理模式"（The Future of Governing）。其内容和特征分别是：①市场式政府。②参与式国家。③弹性化政府。④解制型政府。公共利益可以通过一个更积极、束缚较少的政府来实现。

詹姆斯·N. 罗西瑙（Rosenau）的全球治理（Global Governance）模式。全球治理的内容包括：①全球治理的价值是超越国家、种族、宗教、意识形态和经济发展水平之上的全人类的普世价值。②全球规制是维护国际社会正常的秩序，实现人类普世价值的规则体系。③全球治理的主体是制定和实施全球规制的组织机构，包括政府、政府间组织和公民社会组织。④全球治理的对象是影响全人类的跨国性的全球公共问题。⑤全球治理的绩效体现为国际规制的有效性。

网络治理模式。网络治理就是为了实现与增进公共利益，政府部门、私营部门、第三部门和公民等众多主体彼此合作，在相互依存的环境中分享权力，共同管理公共事务的过程。

珍妮特·V. 登哈特（Denhardt）和罗伯特·B. 登哈特提出的"新公共服务"（New Public Service）模式。这是近几年针对作为新公共管理理论核心的"企业家政府"理论缺陷的批评而建立的一种新的公共行政理论。"它本质上是对新公共管理理论的一种扬弃，提出和建立一种更加关注公民价值和公共利益、更加适合于现代公民社会发展和公共管理实践的新的理论。"

在这些公共治理理论的整体框架下，所呈现出来的是这样的一个共同特点：在一个民主的变革的时代里，政府组织、私人组织和第三部门等一切社会组织之间的关系格局呈现出了多中心与网络化的趋势，治理固然要追求绩效，但其更为重要的是体现民主、公平和参与等价值观。从这些治理理论所包含的内容和所强调的重点来看，治理理论具有如下一些特征：①对国家权力中心论的超越。国家已不再享有唯一的统治权威，这种权威是和其他主体共同分享的。②对传统管理方式的超越。民主协商和谈判更多地取代正式的强制性的管理。③各个治理主体以互信、互利为基础，以相互依赖为特征，追求共同利益，实现社会发展和公共利益最大化。

1.4 文献综述

近年来国内不少学者对我国公共资源配置进行了研究,包括对我国资源配置现状和存在问题的研究,并多角度提出了相关建议。公共资源可分为自然资源、经济资源、社会资源等,其中每类又可以继续划分。本书主要对六种资源配置的国内研究进行文献综述如下。

1.4.1 关于土地资源配置方式

国内学者对我国土地资源配置现状进行了研究。王林(2018)认为,无论是对农村还是房地产市场而言,"三权分置"改革所撬动的红利和机会都远超土地本身。首先,盘活宅基地,带动乡村振兴活力;其次,土地供给多元化,撬动更多改革机会。张立新(2018)以长江经济带为例开展实证研究,发现长江经济带城市建设用地利用与配置存在一系列问题,归纳总结其本质是城市土地资源在供给与需求上的错配,包括城市建设用地供给与需求在量上的错配、在结构上的错配以及在空间上的错配。

有研究表明,地方政府有动机干扰土地资源的市场配置。对此，余莎（2017）通过对安徽省参与长江三角洲区域合作和广东省推动省内合作的案例分析以及对2003—2011年省级面板数据的实证检验，认为地方之间比较热衷于共建园区以实现产业转移的合作模式。这样的合作将促进地方政府协议出让土地，并可能部分取代"招拍挂"方式，这一趋势在新增土地的配置上更为显著。

对于如何进一步完善土地资源配置方式，冯吉光（2018）立足我国土地制度特征和划拨土地供给方式的独特性，结合土地供给侧结构性改革要求，探求划拨土地供给侧结构性改革的路径。一是坚持划拨土地供给方式由政府主导的方向不变；二是利用划拨土地供给方式外部性和市场间接传导功能，优化土地要素配置；三是发挥划拨土地供给对土地市场的调节作用，完善政府土地市场干预体系；四是构建划拨土地结构导向机制，引导优化产业结构调整。叶榅平（2018）认为，从产权制度角度而言，实现收益共享的基本路径应当是实现政府的角色转变，从错位的"所有者"回归理性的"代理者"，将获得的国有自然资源收益完整返还国家，政府则应保障全民的公平获益权得以有效实现。同时，进一步完善产权制、有偿使用制度、市场交易制度等，保障自然资源国家所有权收益的实现和共享。欧阳君君（2018）提倡公众参与自然资源配置过程，并提出有必要从"明确事项范围""完善参与程序""保障参与效力""健全参与权的司法救济途径"等方面进行改革，为自然资源配置公众参与权提供全面的法律保障。

1.4.2 关于财政资源配置方式

一般来说，财政资源配置都是政府采用财政收支手段提供公共物品和服务的方式，从而引导社会资源实现最优化配置。部分学者就市场机制起决定性作用的情况下税收的作用展开探讨。胡怡建（2018）认为，必须厘清政府和市场边界，政府发挥应有作用的领域和范围主要在公共品提供、外部性商品和服务、收入分配缺陷、宏观经济运行等几个方面。税收在资源配置中应发挥的作用在于以税收中性减少效率损失、以税收调节提高资源配置效率等，因此必须从合理税收负担、优化税制结构、稳定政策预期几个角度进行税制调整。李建军等（2018）同样认为，当前税收发挥作用的依据和界限在于市场失灵、市场缺陷和政府失灵，目前税制仍存在与市场对资源配置起决定性作用不相适应部分，应采用稳定宏观税负、提高税收占比，追求税收中性、优化税收条件，公平收入分配、稳定宏观经济，保持税制统一、实现征管公平，落实税收法定、约束政府行为，协调纵向分税、平衡横向分税等方式进行调整。部分学者则从财政资源错配的领域出发，如社会保障问题，讨论财政资源应如何配置。杨林等（2018）通过岭回归分析法实证分析发现，财政分权对城乡收入差距的影响依赖于城乡社会保障差异程度，得出可以通过深化财政体制改革、优化地方财政支出结构、统筹配置城乡社会保障资源、全面推进户籍制度改革、统筹城乡产业发展等方式合理配置城乡社会保障资源、缩小城乡收入分配差距的结论。江依妮等（2015）通过实证分析得出而户籍区分的公共服务财政在人口流入地与流出地出现错配现象的结论。基于此提出放开户籍限制才是改变公共支出中资源错配现象的基础。中央和地方政府可以从平衡地区间公共服务水平、建立"自上而下"的公共服务成本分担机制、增强地方政府财政能力等方式来着手改善财政资源错配问题。叶金国等（2015）讨论了农村社会保障财政资源配置的地区差异大、资源配置结构不合理、运行管理有待改进三个方面的问题，并提出消解资源配置的非均衡性、差异性和非对称性及加强运行管理、提高资源配置效率两方面的建议。

一些学者则聚焦于具体领域综合考虑财政资源配置问题，戚悦等（2016）以民航财经政策体系为例，分析政府配置财政资源过程中普遍存在的问题及其在民航经济政策中的具体反映，提出政府财政资源配置方式应该从建立现代财政制度、推进供给侧结构改革两个方向来继续改革，并提出完善民航财经政策的措施建议。刘稳丰等（2018）通过对英国高等教育财政资源配置历史回顾与体制介绍，得出我国可以借鉴英国在高等教育财政资源配置方面采取设立相对独立的配置机构、推进配置的公开透明、构建以绩效为导向的配置机制、健全配置的法律制度等措施。

1.4.3 关于金融资源配置方式

金融是国民经济的血脉，是现代经济的核心，是资源配置的枢纽。我国存在金融资源错配、资源配置效率低下的情况。相当一部分学者认为结构性调整是解决金融资源错配的重要手段。王宇伟（2018）从宏观杠杆率计算公式出发，利用上市公司数据开展的实证研究，分析得出近年来金融资源的产权错配和行业错配是中国宏观企业部门杠杆率飙升的重要原因。因此必须通过结构性调整，优化金融资源配置来"去杠杆"。张东旭（2016）认为，我国金融资源错配的主要原因在于政府干预、借贷约束和金融体制缺陷，可以从供给侧改革的视角出发，推动金融资源的合理配置。关继成（2016）认为，供给侧改革能够进一步解除金融抑制，商业银行需要调整产品结构、渠道和方式来针对性地引导实体经济供给侧改革。

部分学者认为可以依靠法制化的手段解决金融资源错配。杨同宇（2015）认为，我国金融发展的瓶颈在于中央和地方金融监管权配置失衡，而失衡的关键在于金融法制缺失，可以通过法制化分权、选择性集权及健全财税体制的方式促进责权利相统一，实现金融权力配置的法制化。安国俊（2015）认为，在环境保护推动可持续经济增长的过程中，发挥绿色金融资源配置的作用至关重要，而目前我国支持绿色金融的法律法规体系亟待完善，需要立法机构、相关部委和金融机构的配合和推动。

部分学者则认为深化金融体制改革才能解决金融资源错配问题。张军（2016）通过我国1995—2015年31个省份的面板数据研究，得出政府通过金融中介干预阻碍了金融资源配置，滞后了经济结构转型，影响区域经济市场化的结论，金融体制改革应与政府职能转换、经济结构调整等一系列宏观经济改革同步进行，更好地发挥金融对经济的促进作用。高歌等（2016）从多角度实证分析了我国城镇化变迁中金融配置失衡导致的城乡收入变化、劳动力转移等因素，最后得出城镇地区金融相关部门应建立更加完善的金融价格发现机制和金融产品定价机制，农村地区应加快互联网金融建设的政策建议。赵洋（2016）认为，通过稳健的货币政策取向、深入推进金融领域"放管服"改革、改革完善金融监管体系等方式可以深化金融改革、提高金融资源配置效率，从而更好地发挥金融服务实体经济的作用，支持供给侧结构改革。

1.4.4 关于医疗卫生资源配置方式

在医疗卫生资源配置方面，几乎没有学者认为应采用完全市场化的方式配置医疗卫生资源，均认为政府应在医疗卫生资源配置方面起主导性作用，市场起补充性作用。一些学者分析了我国存在区域间、城乡间、城郊间的医疗卫生资源配置不均的情况。唐齐鑫（2018）运用基尼系数、泰尔指数分析、数据包络分析的方法评价了全国 31 个省份资源配置的公平和效率,得出我国卫生资源配置公平性较好,效率存在地区差异的结论。王志灵等(2018)运用文献检索、定量研究的方法分析,得出 2012—2016 年甘肃省 23 个特困县(区)卫生资源拥有量低于全省、全国同期平均水平,其总量持续增长,但增长水平仍低于全国水平的结论。庄倩等(2018)通过数据分析,得出北京市社区卫生资源从人口配置上整体较为公平,其中用于社区公共卫生服务的经费投入差距较大,城区投入远高于郊区,因更多地考虑公共卫生服务经费投入的合理配置的结论。一些学者基于此作出更进一步的探索,分析了缩小医疗卫生机构资源配置差距的方法。和立道等(2018)利用协整分析发现云南省公立医疗机构卫生资源配置城乡差距间存在长期的稳定关系,得出财政均等化支出、城镇化水平提高、农村居民收入水平的提高有利于缩小云南省公立医疗机构资源配置的城乡差距的结论。

部分学者则强调了政府在医疗卫生资源配置领域的重要作用。咸本松(2018)从自治区人口和地理面积两个方面分析内蒙古地区卫生资源配置现状和公平性,认为内蒙古自治区政府应继续加大对各级卫生机构的卫生资源投入力度,加强区域卫生规划工作,加强卫生紧缺专门人才培养,从而合理和优化配置医疗资源。张建等(2018)对比区县级医疗卫生设施专项规划中空间布局规划和行业发展规划在资源配置方面的差异,以问题分析为基础,认为"基本医疗网络"是资源配置的基本框架,提出建立刚性和弹性兼备的资源供给体系、综合与专科融合的资源配置方式等优化策略。谭红（2018）对2011年、2015年四川省口腔卫生资源进行对比分析，提出需进一步加大医学人才引进、优化口腔卫生物力资源配置，强化口腔医疗机构的设置，将更多口腔服务项目逐渐纳入医保报销范围等建议。

1.4.5 关于教育资源配置方式

关于我国当前教育资源配置存在的问题，郑欢欢（2018）认为，现阶段教育资源短缺和教育资源浪费现象严重，教育资源总体分布不均衡的现象普遍存在，供需矛盾还比较突出，这些现象的存在严重影响了教育事业的发展和提升。

也有学者选取一个或者几个地区进行教育资源配置研究，山平（2018）通过调查发现，目前山东省学前教育教师资源配置存在一系列不均衡的现象，造成这些现象的主要原因是省域内地区经济发展水平不平衡以及教育政策的差别化歧视等。刘兆莹等（2018）认为，京津冀一体化下高校教育资源优化配置存在教育层次结构布局不合理、基础教育资源水平较差、教学资源利用率较低等问题。刘远碧等（2018）以成都市为例，运用目的抽样的方法，研究了造成西部地区区域间义务教育资源配置的差距的原因，并提出了完善措施的相关建议。

对于如何优化教育资源配置，郑欢欢（2018）提出要实现教育资源配置实质公平须持续扩大对教育事业的投入，拓宽教育投资融资渠道，制订科学完善的教育资源配置的宏观规划,立足实际,引入市场机制,加强资源配置效率的动态评估。山平(2018)认为,为促进省域内学前教育均衡发展,各级政府应加大公共财政投入,提升学前教育教师待遇;建立学前教育教师统一管理制度,使公办、民办幼儿园教师双向交流制度化、常态化等。刘兆莹等(2018)提出解决高校教育资源优化配置存在问题的具体措施:加强固定资产管理,建立健全的管理机制,优化资源配置。单凤娇等(2018)基于林达尔均衡研究我国公立高校资源配置逻辑和存在问题,并提出了改善我国高校资源配置的路径。李少伟(2018)提出我国当前农村职业教育资源配置体系中存在的问题,探讨了产生这些问题的原因,并从资源存量和增量两个角度提出了农村职业教育资源配置优化的基本策略。宋霞等(2018)采用文献研究法、理论研究法,从现有资源配置入手,研究如何能更好地优化中国教育资源配置、合理分配不同的资源类型以及对学校的有限资源进行充分的利用。

1.4.6 关于公共资源配置方式

对于我国公共资源配置方式仍存在不合理的地方,许多学者做了研究。武文卿(2018)援引湖北省一名官员的话,指出不符合市场逻辑的公共资源监管方式亟待改变,指出要明确各政府部门的职责,以更好地配置公共资源。石山林(2018)发现,在公共资源交易中心的现实运行中，却存在监管多头、监管乏力、职能定位不清晰等问题，加强相关立法、统一指导思想、明确管理体制、统一交易规则等成为亟待解决的问题。

对于我国公共资源配置问题产生的原因，任喜萍（2018）根据新制度主义的三大范式，构建城市公共资源配置失衡分析框架，发现分割型管理制度、政府行为主义及自我认知困境是造成公共资源配置失衡的三重归因。

对于如何优化公共资源配置，张锐（2017）在解读《关于创新政府配置资源方式的指导意见》时指出，政府配置资源的方式必须分类推进①。任喜萍（2018）认为，建立统一的社会管理制度、加强政府官员行为管理及提高农民工身份认同是城市公共资源配置失衡的消解路径②。刘艳霞（2018）通过分析城市化进程中体育公共资源呈现出的特征，对城市化进程中体育公共资源配置结构性短缺进行探讨，并提出了一些供给侧改革措施，以期能够促进城市化进程中体育公共资源的配置，更好地为人们服务③。石山林（2018）通过对我国交易中心相关现状、问题的分析，提出了加快交易中心建设、改革的相关建议，以资推动交易中心的健康持续发展④。毛太田等（2018）在大数据的环境下对政府信息

---

① 张锐. 分类导向创新政府配置资源方式［J］. 上海证券报，2017-1-20（8）.
② 任喜萍. 城市发展中公共资源配置失衡三重归因与消解路径［J］. 北京交通大学学报（社会科学版），2018，17（3）.
③ 刘艳霞. 城市化进程中体育公共资源的结构性短缺分析与供给侧改革研究［J］. 九江学院学报（自然科学版），2018（1）.
④ 石山林. 从管理体制入手深化公共资源交易改革［J］. 招标与投标，2018（11）.

资源配置情况进行评价，提出了基于层次分析法的模糊数学评价方法，为政府信息资源配置评价研究提供了新思路①。童起宏（2018）分析了市县一级公共资源交易平台的几种模式和面临的问题，并就市县一体化平台整合建设的若干建议②。温来成等（2018）指出，公共资源配置不均衡，是我国社会基本矛盾的重要体现，影响我国经济社会的整体可持续发展，需要充分利用市场机制，发挥税收政策工具的调节功能。文章分析了社会主义市场经济条件下的公共资源配置机制，总结了公共资源配置的税收政策选择，从建立公共资源配置税收政策体系、确立税收政策调节的目标等方面，提出了相应的政策建议③。

对于创新公共资源配置方式，有的学者选取了典型地区进行研究。杭州市财政局课题组（2018）从城市公共资源有偿使用收入的内涵入手，通过分析杭州市城市公共资源有偿使用收入管理现状及特点，探寻存在的问题，最后从明确职责分工、制定交易目录、完善内控措施、加大市场运作力度、建立财政投入回馈机制、严格监督考核等六个方面提出了政策建议④。李明瑞等（2018）从预算管理的角度推进公共资源配置的优化问题，提出近年来，山东省菏泽市为准确了解政府公共资

---

① 毛太田，孙红. 大数据环境下政府信息资源配置评价研究［J］. 中国管理科学，2018（11）.
② 童起宏. 关于深入推进市县一体公共资源交易平台整合的几点思考［J］. 2018（9）.
③ 温来成等. 公共资源配置与税收政策选择［J］. 税务研究，2018（7）.
④ 杭州市财政局课题组. 城市公共资源有偿使用收入管理模式创新与路径研究——以杭州市为例［J］. 地方财政研究，2017（2）.

源有多少、在哪里、哪些可以买卖、买卖多少、怎么买卖、收支如何等实情,有效破解公共资源配置预算不健全、收支不规范等难题,在清查规范的基础上,编制了公共资源配置预算,探索建立了财政统一管理与部门、单位分级负责相结合的公共资源配置预算编制、执行、监督管理体制,取得了较好的效果①。徐天柱(2018)指出,公共资源概念内涵以公共利益为核心,外延方面具有开放性。公共资源交易的实质是公共资源市场化配置,目的是通过公平充分的市场竞争,实现公共利益最大化。安徽省公共资源交易制度改革形成了"统一交易+专职监管"的模式,具有改革彻底性和良好的效果,但超越现行法律制度规定,暴露出需要改进的问题,因而具有研究的典型意义。"统一交易+专职监管"的公共资源交易制度模式能够保障其正当性,但需要改革现有的公共资源交易法律制度,固定成功经验,去除问题,实现形式合法化和实质合法化②。

1.4.7 小结

当前国内学者对资源配置方式进行了大量的研究,覆盖了公共资源配置的各个方面,但仍存在许多缺陷:

第一,当前对公共资源配置的研究,大多停留在交易层面,公共资源配置的内涵应扩大,不能简单理解为

---

① 李明瑞,朱忠腾. 公共资源配置预算管理思考[J]. 新理财(政府理财),2017(11).
② 徐天柱. 公共资源交易制度改革:反思与展望——以安徽改革实践为样本[J]. 淮南师范学院学报,2018(1).

公共资源交易平台。配置包括对资源的初始分配、过程分配、结果的配置，涉及产权理论、治理理论等基本问题。

第二，对公共资源配置方式的规划中，从时间上一概而论，实际上，资源配置方式在时间上可分为近期和中长期，不同期限的配置方式必然不尽相同。

第三，在资源配置方式创新中，当前大多数学者的研究提出的是市场配置问题，但对于具体如何运作，市场管多少、政府管多少，这方面的研究还是缺少的。在资源配置方式上可分为政府完全放开资源管制、局部放开和政府控制资源配置等。公共资源配置方式的创新以市场化配置为主旋律，包括规则和制度的创新，总量和结构上的创新。

第 2 章

公共资源配置方式创新的发展演变

从改革开放 40 多年看公共资源配置方式的历史演变,公共资源配置由政府行政配置转变为市场化方式配置,市场主体在公共资源配置方式的基础性和决定性作用日趋明显,这顺应了我国发展社会主义市场经济的要求。

2.1 自然资源领域

2.1.1 土地资源配置方式演变

土地问题既是经济问题，又是政治问题，土地制度关系着社会的长治久安。经济社会发展如何与土地资源利用相协调，生态环境的可持续性如何保持，是一个亟待解决的问题。改革开放以来，市场化改革在土地资源配置中逐步引入了市场机制，如城市土地有偿使用制度、农村土地承包经营与市场流转等市场化的配置方式正在引导土地资源优化配置。

（1）农村土地配置方式演变

①家庭联产承包经营阶段。改革开放以来，农村土地制度改革经历了一场生产关系的大变革。在1978年之前，我国农村一直实行"三级所有，队为基础"的土地所有制。在人民公社时期，农村土地实行"集体所有、统一经营"，但是由于生产和管理模式的僵化、收入分配与劳动力不匹配，农民生产积极性不高，农业和农村发展迟缓，农民生活水平难以提高。1978年我国农村居民人均可支配收入仅为133.57元，其中食品支出46.59元，占人均生活消费品支出的66.91%，以恩格

尔系数衡量，农民处于绝对贫困状态。当时，解决温饱问题成为农民的头等大事。在这种情况下，进行土地制度改革成为必然。

计划经济时期土地政策存在严重的"效率缺失"问题，催生了土地制度新的产权安排、资源配置方式和土地利用方式。1978年，安徽凤阳小岗村的18位农民自发将村内土地分开承包，开创了家庭联产承包制的先河。农民自发分田到户的行为得到了中央政府的认可，通过1982年、1983年、1984年三个"中央一号文件"进行规范引导，最终实现了人民公社时期土地集体所有、集体经营的"两权合一"的土地制度向土地集体所有、家庭承包经营的"两权分离"的土地制度的转变。家庭联产承包责任制的推行，纠正了长期存在的管理高度集中和经营方式过分单调的弊端，极大地释放了农民的生产积极性，提升了农业生产率，有效解决了包括农民在内的全体中国人民的温饱问题。

经过几年实践，家庭联产承包责任制逐渐显露出弊端。如由人口变动引起的土地承包频繁调换的现象逐渐增多，破坏了农民承包经营权和使用权的稳定性，使农民无法产生稳定的预期，影响农民的生产积极性。于是1986年山东平度又在家庭联产承包责任制框架内创造性提出"两田制"，将承包地分成口粮田和责任田，从而很好地解决了土地频繁调换所产生的问题，并很快在全国范围内得到推广。

政策的落地、制度的法律化，对于农村的改革有着极为重要的作用。新的农村土地政策框架形成以后，国家政策转向保护新的有效产权，稳定新的产权结构，延长承包期，限制行政干预和行政调整，在公有制下最大限度地发挥私权的功能。1984年"中央一号文件"明确规定："土地承包期一般应在十五年以上"。1986年6月通过的《中华人民共和国土地管理法》，使这一制度更加明确，它规定："集体所有的土地按照法律规定属于村民集体所有，由村农业生产合作社等农业集体经济组织或村民委员会经营、管理。"1993年，《中华人民共和国宪法》修正案正式把"统分结合的双层经营体制"纳入宪法。同年7月，第八届全国人民代表大会常务委员会第二次会议通过《中华人民共和国农业法》，其中第五条指出："国家长期稳定农村以家庭承包经营为基础、统分结合的双层经营体制"。至此，农村基本经营制度正式确立。

1997年发布的《关于进一步稳定和完善农村承包关系的通知》提出承包期限再延长30年，赋予农民长期有保障的土地经营权。1998年10月召开的党的十五届三中全会，会议以土地政策为主要内容，建立了比较完善的土地管理体制。2002年，《中华人民共和国农村土地承包法》把土地经营权的稳定上升到法律地位。2007年出台的《中华人民共和国物权法》把土地承包经营权直接界定为"用益物权"，进一步强化了土地承包经营权的法律地位，从物权角度保障了农民对土地享有的权益。2010年1月1日，《中华人民共和国农村土地承包经营纠纷调解仲裁法》正式实施，它明确了调解和仲裁是解决农村土地承包纠纷的法律渠道，有利于公正、及时地处理农村土地承包经营纠纷,维护农村的社会稳定。2015年,农业部、中央农村工作领导小组办公室等六部门联合印发《关于认真做好农村土地承包经营权确权登记颁证工作的意见》,确权登记将进一步保障农民的土地承包权。近年来,农业人口大量转移进入城镇,土地经营权流转面积不断增加,无论是广大承包农户还是新型农业经营主体,都希望国家尽早明确土地承包政策下一步走向。于是,2017年召开的党的十九大及时回应了广大农民和农业新型经营主体的关切。党的十九大报告中明确提出完善承包地"三权"分置制度,保持土地承包关系稳定并长久不变,第二轮土地承包到期后再延长30年。

2018年12月29日第十三届全国人民代表大会常务委员会第七次会议通过了关于修改《中华人民共和国农村土地承包法》的决定,对农村土地承包经营权的规定做出了重大调整。

②土地市场流转与"三权分置"。延伸产权的完备性,通过市场配置方式鼓励农地流转。一方面,"中央一号文件"突破原先土地不能出租的制度束缚,开始出台一系列政策鼓励土地流转。1984年"中央一号文件"第一次提出农地流转政策,此后相关政策连续出台,1993年党的十四届三中全会《建立社会主义市场经济体制若干问题的决定》指出:"在坚持集体所有制前提下,延长耕地承包期,允许继承土地开发性生产项目的承包经营权,允许土地使用权依法有偿转让"。1993年、1995年、1997年和2001年出台了一系列涉农文

件，不断规范农地流转，即"在坚持土地集体所有和不改变土地农业用途的前提下，经发包方同意"，流转形式有"依法转包、转让、互换、入股，但严禁擅自将耕地转为非耕地及农民可以以转包、出租、互换、转让、股份合作等形式流转土地承包经营权。2001年，《中共中央关于做好农户承包地使用权流转工作的通知》规定，在依法、自愿、有偿基础上实行土地流转。自此以后，多个"中央一号文件"都对此进行了补充完善。2003年出台的《中华人民共和国土地承包法》对农民承包期内的经营权、流转权和收益权进行确定，并将农民对土地的经营权利界定为一种具有私有财产特性的财产权。

2010年"中央一号文件"指出，要健全土地承包权流转市场，在依法自愿有偿流转的基础上发展多种形式的适度规模经营。2013年"中央一号文件"提出，要引导农村土地承包经营权有序流转，鼓励和支持承包地向家庭农场、专业大户和农民合作社流转，发展多种形式的适度规模经营。2014年"中央一号文件"指出，在落实集体所有权的基础上，允许承包土地的经营权向金融机构抵押融资。这一系列政策的改革不仅加速了农户之间土地的转让经营，也使农户与其他组织之间的流转变得合法，进一步丰富了土地流转形式。

另一方面，伴随着农村土地流转的加快以及新型农业经营主体的形成，原有的"两权分离"的土地制度已经不再适应土地规模化发展的需求。2016年"中央一号文件"首次提出要稳定农村土地承包关系，落实集体所有权，稳定农户承包权，放活土地经营权，完善"三权分置"办法。2018年"中央一号文件"提出完善农村承包地"三权分置"制度,在依法保护集体土地所有权和农户承包权的前提下,平等保护土地经营权。从"两权分离"到"三权分置"的改革实现了农村土地制度的第二次变迁,优化了农村土地产权结构,也为形成多元化的农地经营模式创造了必要条件。

(2) 城市土地配置方式演变

①城市土地有偿使用制度演进。改革开放后,外资企业开始进入我国,企业所有制性质开始发生变化。1979年,第五届全国人民代表大会第二次会议通过《中华人民共和国中外合资经营企业法》,规定对外资企业征收土地使用费,拉开了我国城镇土地使用制度改革的序幕。

1986年,第六届全国人民代表大会常委会第十六次会议通过了《中华人民共和国土地管理法》,这是土地管理的首次立法,它具有划时代的历史意义。首次立法改变了我国土地管理无法可依的局面,虽在一些条文规定方面仍与社会主义市场经济的要求不相适应,但为后续土地管理工作的开展和修法工作奠定了基础。特别是"任何单位和个人不得侵占、买卖、出租或者以其他形式非法转让土地"的规定,使得土地失去了商品属性。

国务院于1987年批准在深圳、上海、天津、广州、厦门、福州进行土地使用改革试点。1987年9月、11月和12月,深圳分别以协议、招标和公开拍卖3种形式有偿出让国有土地使用权。自此,土地作为一种生产要素开始进入市场。

1988年的《中华人民共和国宪法修正案》中也增加了"土地的使用权可以依照法律的规定转让"的条款。1988年立法修订主要体现在：一是删除了"禁止出租土地"的规定，并增加了"国有土地和集体所有的土地的使用权可以依法转让""国家依法实行国有土地有偿使用制度"等重要规定，从此土地使用权不再是国家的专有财产有偿使用的提出赋予了土地商品的属性；二是严格了乡（镇）村公共设施、公益事业建设用地的审批权限，由原先的县级人民政府批准升级为由县级以上地方人民政府批准。结合土地管理法的修订，1990年国务院出台了《国有土地使用权出让和转让暂行条例》，对国有土地使用权转让方式、转让年限都提出了明确的规定。而根据土地转让的不同方式，原国家土地管理局分别于1992年和1995年出台了《划拨土地使用权管理暂行办法》和《协议出让国有土地使用权最低价确定办法》，逐步完善了国有土地出让和转让的相关规定。土地使用权作为商品进入市场流通，正式被法律确认下来，土地使用权出让、转让制度在全国逐步推行。

1992年邓小平南方谈话之后的开发区热现象，造成了大量耕地资源流失，同时大规模的征地拆迁也引起了社会矛盾的激化。为强化国有土地资产管理，1998年《中华人民共和国土地管理法》进行了全面革新，一是首次增加了"耕地保护"的内容，同时严格了农转用的审批权限，并且提高了征地补偿和安置补助的标准。二是将"国家建设用地"和"乡（镇）村建设用地"两个章节进行了合并，并规定了任何单位和个人进行建设，需要使用土地的，必须依法申请使用国有土地（乡镇企业、宅基地、乡镇公共和公益设施除外），这一条款限定了集体建设用地的用途，也堵塞了集体组织分享土地财政红利的渠道。三是在有偿使用土地外，明确了划拨土地的适用范围。四是确立了土地监督检查制度。

为了进一步落实国有土地有偿使用规定，并充分体现土地的市场价值，国土资源部1999年印发了《关于进一步推行招标拍卖出让国有土地使用权的通知》；2002年国土资源部部务会议通过了《招标拍卖挂牌出让国有土地使用权规定》，明确规定"商业、旅游、娱乐和商品住宅等各类经营性用地，必须以招标、拍卖或者挂牌方式出让"。

针对不能划拨供地也不适宜"招拍挂"供地的建设项目用地，2003年出台了《协议出让国有土地使用权规定》，规定"协议出让最低价不得低于新增建设用地的土地有偿使用费、征地（拆迁）补偿费用以及按照国家规定应当缴纳的有关税费之和，有基准地价的地区，协议出让最低价不得低于出让地块所在级别基准地价的70%"。

2004年12月，国务院《关于深化改革严格土地管理的决定》首次提出，"经营性基础设施用地要逐步实行有偿使用""工业用地也要创造条件逐步实行招标、拍卖、挂牌出让"。2006年9月，《国务院关于加强土地调控有关问题的通知》出台，规定工业用地必须以"招拍挂"方式进行出让。

至此，我国的土地管理制度和国有土地使用的相关制度已基本健全。此后，我国城市土地市场形成了以"招拍挂"出让为基本形式、以市场形成价格为核心的典型的土地资源市场配置阶段。该阶段城市土地使用制度改革的核心，是配合社会主义市场经济体制改革要求，提高土地市场化配置比例。

2009年以来，随着房价快速攀升，国务院印发《关于坚决遏制部分城市房价过快上涨的通知》提出，"探索综合评标、一次竞价、双向竞价等出让方式"。2010年，北京最先开始开展"限房价、竞地价"出让模式试点。2011年，国务院办公厅《关于进一步做好房地产市场调控工作有关问题的通知》，明确"大力推广"限房价、竞地价"方式供应中低价位普通商品住房用地"。虽然商品房市场土地出让方式有所调整，但招标、拍卖、挂牌的方式没有根本性改变，土地配置市场化程度显著提高。

在开展增量土地使用制度改革的同时，20世纪90年代中期伴随国企制度改革和住房使用制度改革，大量的存量用地开始进入市场，存量土地使用制度改革提上日程。

1997年9月，中共十五届一中全会明确提出，从1998年开始，国有企业3年脱困。如何解决国有企业困难和破产企业的脱困问题是当时城市政府的难题。土地是这些企业的最大剩余资产，通过市场机制盘活土地资产，为企业脱困、人员安置、获取再生地提供支持。国有企业划拨用地进入市场的势头已不可阻挡。1998年，原国家土地管理局发布《国有企业改革中划拨土地使用权管理暂行规定》，第三条明确指出："国有企业使用的划拨土地使用权，应当依法逐步实行有偿使用制度。"

1998年7月3日，国务院发布《关于进一步深化住房制度改革加快住房建设的通知》，宣布全国城镇从1998下半年开始停止住房实物分配，全面实行住房分配货币化，这为存量住房土地使用权进入市场交易提供了重要条件。1999年，财政部、国土资源部、建设部发布《已购公房和经济适用房上市出售土地出让金和收益分配管理的若干规定》，标志着存量住房土地使用权上市交易的条件已经成熟。

2007年以来，为进一步盘活城市存量土地，广东积极争取国土资源管理部门的支持，积极开展以旧厂房、旧村庄、旧城镇为代表的"三旧"改造，开启了业界号称的"第二次土地革命"。至此，城市土地使用制度改革的大框架基本建立，主攻方向也已明确，重点是进一步规范。

梳理城市土地使用制度变迁沿革，可以发现，从增量开始的改革，是以土地使用权作为商品进入市场流通作为起点的，其后的制度安排都是围绕提高土地市场化程度、彰显土地使用权商品价格为核心展开；而将绝大多数土地收益留给政府的制度安排，为政府筹措基础设施建设资金提供了重要支撑。

②城市土地储备制度演进。20世纪90年代中期，土地商品意识深入人心后，农用地大量转为城市用地，耕地流失数量急剧上升。为从源头上垄断土地一级市场，切实加强耕地保护，以1996年8月上海成立土地

发展中心为开端，杭州、厦门、南通、青岛等一些东部和中部地区较大的城市开始尝试土地收购储备制度。1999年6月，国土资源部以内部通报形式转发《杭州市土地收购储备实施办法》和《青岛市人民政府关于建立土地储备制度的通知》，并向全国推广杭州、青岛两市开展土地储备的经验。

1999年新《中华人民共和国土地管理法》颁布后，中央政府强化了农用地转用和土地征用的审批制度和计划管理，获取新增国有建设用地越来越难、成本也越来越高，如何用好稀缺的土地资源成为当务之急。同时，各地方政府为响应中央政府提高"招拍挂"比重的要求，实现国有土地资产的保值增值，纷纷成立土地交易储备中心，垄断土地一级市场供应。2001年4月30日，国务院印发的《关于加强国有土地资产管理的通知》指出，"为增强政府对土地市场的调控能力，有条件的地方政府要对建设用地试行收购储备制度"。截至2001年底，全国已建土地储备机构2000余家。

但各地在具体实践中，储备机构的设置也不尽相同，性质也有差异。为规范土地储备制度发展，2007年，国土资源部、财政部、中国人民银行出台的《土地储备管理办法》明文规定了土地储备机构的性质：土地储备机构应为市、县人民政府批准成立、具有独立的法人资格、隶属于国土资源管理部门、统一承担本行政辖区内土地储备工作的事业单位。但在实践中，土地储备机构不仅承担了土地收储职能，而且承担土地开发经营职能，政企不分引发了社会广泛争议。有些地方的储备机构甚至承担地方政府融资功能。这一时期，土地储备机构的储备土地和开发职能总体比较混乱。2010年9月，国土资源部党组印发《关于国土资源系统开展"两整治一改革"专项行动的通知》，进一步理清了土地储备机构的职责，明确土地储备机构只能从事土地储备职能，其他职能如融资、基建等，一律剥离。但是，地方政府各种改头换面的城投公司仍然鱼目混珠，整治效果有限。2012年12月，国土资源部、财政部、中国人民银行、中国银行业监督管理委员会联合发布的《关于加强土地储备与融资管理的通知》要求，建立土地储备机构名录制度，加强土地储备机构管理，以此规范了土地储备机构的管理和融资。但以土地储备机构名目出现的城投公司，依然承担着为政府融资的功能。2016年2月，国土资源部、财政部、中国人民银行、中国银行业监督管理委员会4部委联合发布《规范土地储备和资金管理等相关问题的通知》，不仅明确县级以上行政单位原则上只能有一个进入名录管理的土地储备机构，而且要求不得再向银行业金融机构举借土地储备贷款。至此，土地储备机构开始真正回归社会公益职能。

③城乡建设用地增减挂钩制度演进。在强化耕地保护后，下一步土地管理的焦点落在了如何协调好保护耕地和保障发展的关系上。20世纪90年代，江苏、浙江等沿海发达地区相继采取建设用地置换、周转、土地整理折抵等办法，统筹城乡建设用地利用，缓解城镇建设和园区建设土地缺乏的问题。2000年，《中共中央、国务院关于促进小城镇健康发展的若干意见》首次提出，

"要严格限制分散建房的宅基地审批,鼓励农民进镇购房或按规划集中建房,节约的宅基地可用于小城镇建设用地。"2004年,国务院《关于深化改革严格土地管理的决定》明确要求,"鼓励农村建设用地整理,城镇建设用地增加要与农村建设用地减少相挂钩"。此时,城乡建设用地增减挂钩的指标仅限制在乡镇范围内使用。2006年,山东、天津、江苏、湖北、四川等5省市被列为城乡建设用地增减挂钩首批试点,规定增减挂钩节余指标只能在县域范围内使用。2006年,国土资源部批准下发了第一批5省市设立挂钩试点项目区183个,使用周转指标4923公顷。早期的城乡建设用地增减挂钩试点,主要目的是协调保护耕地和保障发展的关系。

2007年,重庆开始以"地票"形式在全市范围内开展城乡建设用地增减挂钩试点。作为首批尝试"地票"交易的农户,户均获得9万多元的财产性收入。城乡建设用地增减挂钩的财富效应开始凸显。2008年,为支持汶川地震灾后重建,国土资源部出台政策,允许部分重灾县将灾后重建增减挂钩节余指标在市域范围内流转使用,这也是首次增减挂钩指标空间范围扩大到市域范围。在总结第一批试点经验及问题的基础上,为规范城乡建设用地增减挂钩试点,2008年,国土资源部印发了《城乡建设用地增减挂钩试点管理办法》,明确了城乡建设用地增减挂钩的原则、组织、实施、验收等内容。2008年和2009年,又批准了河北等19个省区开展增减挂钩试点。随着试点范围扩大到24个省区市,国土资源部改变了批准和管理方式,将挂钩节余指标纳入年度土地利用计划管理，国土资源部负责确定指标总规模和分解下达指标，试点省区市负责试点项目区的批准和管理。但在试点过程中，部分地方为获取建设用地指标，强迫农民上楼，引发舆论关注。2010年，国务院《关于严格规范城乡建设用地增减挂钩试点切实做好农村土地整治工作的通知》对规范增减挂钩提出了具体要求，但并没有否定增减挂钩扩大交易范围的做法。2013年"4·20"芦山强烈地震之后，国土资源部同意所有受灾区县，都可以"在市域范围内安排使用"节余增减挂钩指标。这个时期的城乡建设用地增减挂钩政策主要限定在市域范围内使用，统筹解决城镇建设用地指标不足和农民增收乏力的问题。

2010年以后，特别是国家开展14个集中连片特困地区扶贫攻坚以来，城乡建设用地增减挂钩的政策开始与扶贫结合在一起。2015年11月，中共中央、国务院《关于打赢脱贫攻坚战的决定》提出，"在连片特困地区和国家扶贫开发工作重点县开展易地扶贫搬迁，允许将城乡建设用地增减挂钩指标在省域范围内使用"，肯定了原国土资源部在秦巴山片区和乌蒙山片区的做法，增减挂钩指标交易范围由市域范围扩大到省域范围。2016年，四川巴中市300公顷建设用地增减挂钩节余指标按每公顷442.5万元的价格出售给成都高新区，总金额超过13亿元，成为全国首例省域范围内城乡建设用地增减挂钩节余指标调剂。2017年，中央办公厅、国务院办公厅印发关于支持深度贫困地区脱贫攻坚的实施意见的通知，首次提出"探索'三区三州'及深度贫困县增减挂钩节余指标在东西部扶贫协作和对口支援框架内开展交易"。增减挂钩指标首次突破省域范围。根据四川省国土资源厅的测算，2017年，四川省内增减挂钩指标省域内流转的均价为每亩29.5万元，而跨省流转预计将达到每亩60万元。每次增减挂钩指标交易范围扩大，都是价格上涨的过程，也是农户获得更多财产性收入的过程。

城乡建设用地增减挂钩制度的出现，最初是为缓解城镇建设用地的缺口，但在制度变迁过程中，增加农民财产性收入的功能逐渐凸显出来，增减挂钩政策逐步向扶贫倾斜。

（3）评述

改革开放以来，随着市场经济的不断发展，土地资源的利用工作日益增加。优化土地资源市场化配置，建立科学合理的土地出让机制，增强土地资源保障能力，完善土地资源监督管理，是当前和今后一个时期实现经济社会可持续发展的重要保证。

2.1.2 矿产资源配置方式演变

回顾改革开放40多年来我国矿产资源管理制度改革所走过的道路，总体而言是紧紧围绕我国社会主义市场经济体制建设的需要而不断展开的，打破了以行政命令和高度集权为特征的计划经济体制和单一的国有找矿队伍体制，政府职能转向宏观调控，同时积极发挥市场机制的作用。

(1) 矿产资源资本化改革

随着市场经济体制的建立，自然资源配置手段逐渐转化为以市场配置为主。我国矿产资源"有偿使用"的改革已有30余年，大体经历了象征性收费、增量收费和完全收费3个过程。

为了保护资源所有者权益、提升矿产资源开采者的利用效率、达到矿产资源使用的效益最大化，1986年的《中华人民共和国矿产资源法》（以下简称《矿产资源法》）明确提出，"矿产资源的开采必须有偿，需要按照国家有关规定缴纳资源税和资源补偿费"。实际上，在这一规定颁布之后我国并没有立即实施，而是到1994年才开始征收"矿产资源补偿费"，并没有得到很好的完善，要真正实施起来还有不少障碍。1993年，我国修改了原来的《矿产资源法》，将征税税目进行扩大。1994年，我国开始征收"矿产资源补偿费"，这一做法标志着我国矿产资源开采迈出了重要的一步。1996年，我国对矿产资源法相应地做了一些调整，不仅确立了矿产资源的开采权、探矿权，还进一步开征矿产资源税、矿产资源补偿费，修改完善了矿产资源有偿制度，这代表我国矿产资源使用步入市场经济轨道。2006年，我国制订了《国土资源"十一五"规划纲要》，纲要目的是要对未开采的矿产资源继续实行有偿制度，通过市场化操作有偿取得，并要求那些以前无偿使用矿产资源的企业补缴一定的费用。

(2) 矿产资源管理制度演变

①矿产资源行政管理历史演变。为适应社会主义市

场经济体制的建立与发展要求，改革开放以来，我国矿产资源行政管理经历了一系列的变革。

1979 年，国家计划委员会地质总局改革为地质部，再成为地质矿产部。机构职责从单纯的地质工作管理扩大到对矿产资源的合理开发利用进行监督管理，同时加强对地质勘查全行业的协调。

1982 年之后，地质矿产行政体制全面构建，各省（区、市）乃至地县行政机构逐步建立起来；地质矿产法规开始建立，《矿产资源法》于 1986 年 10 月 1 日实施，其配套的 3 个行政法规——《探矿权登记暂行办法》《全民所有制矿山企业采矿登记暂行办法》《矿山监督暂行办法》也于 1987 年由国务院颁布实施并于 1997 年 2 月进行了修订。1994 年，《矿产资源补偿费征收管理规定》的发布宣布我国矿产资源补偿费制度开始推行。在此期间，全面开展了勘查和采矿补充登记工作以及进行矿业秩序整顿。

1998 年 3 月，地质矿产部被撤销，地质矿产行政职能并入国土资源部。2008 年完成矿产资源潜力评价、储量利用调查和矿业权实地核查三项资源国情调查。2011 年《矿业权交易规则（试行）》正式出台，全国矿业权交易市场基本建成。

2015 年，中共中央、国务院印发《生态文明体制改革总体方案》："矿产资源资产所有者应当与监管者分开，并厘清所有者管理和资源监管者职责边界，明确占用、使用、收益、处置等相关权能。所有者管理资源资产，履行对资源资产的占有、使用、收益和处分的权利，追求所有者权益维护和经济效益最大化，推进以矿产资源权益金为核心的有偿处置，依法获取资产收益并完善动态调节机制等，主要包括权属管理（产权管理）、勘查管理、开发管理和保护管理等；监管者着力解决所有者对资源资产的配置和处置方式，采用立法监督、中介机构监督和舆论监督等形式，履行对国土资源空间管制和矿产资源开发利用行为监察督促职责，并且要符合空间用途管制和维护生态安全等，追求保护社会公共利益和维护社会秩序。

2018年《中共中央关于深化党和国家机构改革的决定》明确指出，"深化党和国家机构改革是推进国家治理体系和治理能力现代化的一场深刻变革"。同年3月，国土资源部被撤销后地质矿产行政职能划入自然资源部。

② "三分一统"管理制度内容。根据《矿产资源法》及其配套法规，我国对矿产资源的勘查开采实行探矿权采矿权管理制度。即对勘查矿产资源实行勘查区块登记管理，根据不同情况，采取不同出让方式，以行政许可的方式，允许矿业权人在规定的区块内实施勘查作业。探查发现资源并满足矿山设计要求后，根据发现资源的范围申请划定开采范围，取得采矿许可证，获得一定范围资源的开采权利，进入矿产资源开采阶段。近年来，在社会主义市场经济不断发展的过程中，国家通过矿业权管理的一系列制度改革，逐步形成了矿业权审批登记的"三分一统"管理制度。

分方式出让。按照现有法律法规，矿业权出让分为非市场竞争出让和市场竞争出让两类。具体而言，非市场竞争方式主要是指以协议方式和先申请先取得方式出让的探矿权以及排他性的探矿权转采矿权，市场竞争主要指采取招标、拍卖、挂牌的方式公开竞争出让探矿权、采矿权的方式。

分类别出让。依据矿产资源赋存特点及地质勘查工作程度，将矿产资源分为高风险、低风险和无风险三类情形。一般而言，对低风险、无风险矿种探矿权、采矿权，主要以"招拍挂"方式出让，对高风险勘查的矿种，采取申请在先的方式，以保护风险勘查的积极性。2006年至2009年，我国出让的探矿权中，70%以上申请在先方式出让，但比例呈减少趋势；出让的采矿权中，近70%通过"招拍挂"方式出让，同时协议出让比例逐年下降，大体实现了市场配置资源的基础作用。

分级审批。矿产资源法及其配套法规规定，探矿权实行部省二级审批。目前，油气、放射性、稀土等6个重要战略性矿产的勘查开采以及煤、铁、铜等22个重要矿种的大型规模勘查开采，由国土资源部直接审批，其他由省级以下审批，市县主要审批砂石黏土采矿权。

统一配号。为全面、及时掌控全国矿业权设置情况，促进各级矿业权登记管理机关按照法定权限、程序和条件进行矿业权登记，自2008年起，各级登记管理机关在审批矿业权申请时，都必须向国土资源部矿业权统一配号系统提交相关信息，获取系统统一配发的勘查许可证证号和采矿许可证证号后才能发证。这一管理制度，有力强化了矿业权审批登记部省协调联动和中央矿业权监管调控能力。

实践表明,"三分一统"的矿业权管理制度是历经多年管理实践探索出来的适合我国现阶段国情的管理制度体系,从单纯行政管理的角度来讲,基本实现了矿产资源配置的规范有序。

(3) 评述

1994年之后,我国确定了矿产资源有偿使用原则,矿产权开始通过市场化配置。这一做法矿产资源开发企业相互竞争以促进整个行业发展,提高了矿产资源的使用率,减少了矿产资源的浪费。我国应采取公开招标、拍卖、挂牌等手段出让新设的采矿权、探矿权,并通过立法措施来进一步规范矿业权一级市场和二级市场交易。牢牢把握改革矿业权出让方式、创新经济调节机制、调整下放审批权限等关键环节,处理好顶层设计和试点先行等关系。

2.1.3 水资源配置方式的演变

水是人类赖以生存且不可替代的重要物质,也是人类从事生产活动必不可少的宝贵自然资源。我国的水资源虽然总量相对丰富,但是人均占有量少、时空分布极不均匀、水环境污染问题严重,水资源供需矛盾、水环境恶化问题严重影响经济社会的可持续发展,水资源的时空分布与社会经济系统、生态系统对水资源需求的不一致性,是进行水资源调节的内在动因。

（1）水资源配置方式演变的三个阶段

水资源配置大致可分为如下三个阶段：

①完全行政配置阶段（20世纪50年代—2000年）。计划经济时期开始，我国的水资源配置一直是一种指令配置模式，主要通过行政手段配置水资源，国家养水、福利供水。但这种模式也导致了水资源价格严重扭曲：一方面，水价低于生产成本，价格不能起到调节供求的杠杆作用，用水粗放增长、浪费严重。另一方面，水价低于社会成本，造成潜在的用水效率损失和生态环境破坏，既缺乏效率又不公平。因而对水资源配置方式加以改革形成共识。

1988年《中华人民共和国水法》中规定水资源属于国家所有，确立了国家对水资源的所有权的主体地位。1993年《取水许可制度实施办法》中指明取水许可证不得转让，转让取水许可证的，由水行政主管部门或其授权发放取水许可证的部门吊销取水许可证，没收非法所得。

在这一阶段，由于传统意识、用户承受能力等复杂原因，水资源分配还没有实现市场化配置，行政手段在水商品分配中仍然发挥着重要作用，水资源低价甚至无价，在特定的历史条件下，这种模式在发挥保障经济发展和人民生活重要作用的同时，不可避免地造成资源价格严重扭曲，成水资源短缺和浪费并存的现象[①]。水资

---

① 王亚华. 关于我国水价、水权和水市场改革的评论［J］. 中国人口·资源与环境，2007（5）：153-158.

源配置主要还是政府行为,在思想上和实践中倚重指令配置方式。这种资源配置效率很低,对利益主体的约束性极差,直接后果就是流域水供求矛盾更加突出,水质水环境趋于恶化。

以黄河为例,从 20 世纪 50 年代到 90 年代,黄河耗水量增长了 1.5 倍,作为"公共资源"被过度耗用。1972 年黄河开始断流,从 20 世纪 70 年代初到 80 年代末,平均 5 年有 4 年断流。国务院 1987 年颁布黄河水量分配方案,但由于缺乏权威性的流域统一管理机构和相应的法律法规,无法对实际引水量进行有效监管和控制,实际用水量与分水量相差甚远,分水方案难以落实。20 世纪 90 年代,黄河连续缺水断流,引发了全社会对水资源合理利用和分配问题的思考[1]。

②市场配置探索阶段(2000—2013 年)。在市场配置手段方面,我国开始了一系列的实践和探索。

2000 年 10 月,时任水利部部长汪恕诚发表了题为《水权和水市场》的讲话,提出以经济手段,依靠水权、水市场的方式优化配置水资源的思路,引发了全社会特别是水利部门实际工作者和理论研究者的广泛关注和积极响应。同年 11 月 24 日,浙江省金华地区的东阳市和义乌市签订了有偿转让用水权的协议,这是我国首例跨城市水权交易,引起了全社会范围的强烈讨论。

2005 年 1 月,水利部出台《水权制度建设框架》

---

[1] 胡鞍钢,王亚华. 转型期水资源配置的公共政策:准市场和政治民主协商[J]. 中国软科学,2000(5):5-11.

（水政法〔2005〕12号），提出要建立水权流转制度，通过市场机制对水资源进行优化配置。其包括制定水权转让管理办法、规范水权转让合同文本、建立水权转让协商制度、建立水权转让第三方利益补偿制度、实行水权转让公告制度等。将影响范围和程度较小的商品水交易更多地由市场主体自主安排，政府进行市场秩序监管。

2006年3月第十届人民代表大会第四次会议审议通过《国民经济和社会发展第十一个五年规划纲要》指出，要"建立国家初始水权分配制度和水权转让制度"。同年4月《取水许可和水资源费征收管理条例》（中华人民共和国国务院令第460号）正式施行，标志着我国依法实施取水许可制度和水资源有偿使用制度步入新阶段[①]。

2011年1月，中共中央、国务院印发《关于加快水利改革发展的决定》（中发〔2011〕1号），从经济社会发展全局出发，科学阐述了水利发展的阶段性特征和战略地位，明确提出了水利改革发展的指导思想和主要原则，指出建立和完善国家水权制度，充分运用市场机制优化配置水资源。

2012年6月，国家发展和改革委员会、水利部、住房和城乡建设部印发《水利发展规划（2011—2015年）》（发改农经〔2012〕1618号），要求建立和完善国家水权制度，制定主要江河水量分配方案，明晰初始水

---

① 张莲莹. 水资源有偿使用制度法律问题研究［D］. 昆明理工大学，2017.

权；培育水权转让市场，规范事权转让活动。

2013年1月，国务院办公厅印发《实行最严格水资源管理制度考核办法》，考核内容包括用水总量控制、用水效率控制、水功能区限制纳污、水资源管理责任和考核等制度建设及相应措施等。该考核办法实际上起到了促进水权交易市场化的作用。

同时，政府对水资源配置的手段也在不断强化和加深。一是开展水资源宏观调配工程。如2002年国务院批复的"南水北调"总体工程，有力地缓解北方用水难问题。二是加大对水利设施的投入。2005年以来，我国水利设施投入的年复合增速达到24%[①]。三是传统的水量分配的方式。如2007年的《永定河干流水量分配方案》，通过规定正常年份、一般枯水年份、特殊枯水年份从河北省和山西省的出境水量，从总量上基本解决了北京、天津水量取用较多问题等。四是通过法律手段。比如2006年4月实施的关于取水许可及水费征收相关条例和2008年2月实施的对于水量分配规定，在初始水权分配、收费的关键环节上完善了管理规范，标志着中国初始水权分配制度已经基本建立等。

这段时期水权理论研究和实践情况主要有以下两个方面的特点：一是原有的由政府配置水资源的思想逐步改变，人们逐步意识到市场机制在水资源配置中的作用，其能够有效提高水资源配置效率、使用效率及效

---

① 潘海英，叶晓丹. 水权市场建设的政府作为：一个总体框架 [J]. 改革，2018（1）：95－105.

益，这为我国开展后续开展水权交易制度奠定了思想和制度基础，各个地区对水权改革的实践探索持续进行，水权模式呈现多样化的态势。二是政府对水资源配置的手段也在不断完善和加强，采用多种措施共同解决水资源配置问题。

③"两手发力"阶段（2014年至今）。2014年，习近平总书记提出"节水优先、空间均衡、系统治理、两手发力"的治水思路，强调了政府和市场"两手发力"。经过一系列的理论和时间探索，水利部已经形成一套完整的"明晰水权、引入市场"的水权改革思路。为了适应市场经济体制该规划和可持续发展的要求，正确发挥市场作用和政府作用。

在市场配置方面，水利行业加快了水权水市场制度的建设工作，开始探索建立水权流转制度，以期通过市场机制对水资源进行优化配置。

2014年6月水利部印发《水利部关于开展水权试点工作的通知》（水资源〔2014〕222号），提出在我国宁夏、江西、湖北等7省份开展水权交易试点。重点围绕水资源使用权确权登记、水权交易流转、水权制度建设三个方面工作。要求因地制宜探索地区间、流域间、流域上下游、行业间、用户间等多种形式的水权交易流转方式，积极培育水市场，健全水权交易平台。此次试点，是我国初次大面积、多方向的水权试点工作，意味着我国水权交易工作的全面开展。

2016年4月，水利部印发《水权交易管理暂行办法》（水政法〔2016〕156号），将水权交易分为区域水权交易、取水权交易和灌溉用户水权交易三类,要求通过水权交易市场进行水权交易,促进水资源的节约、保护和优化配置[①],是我国第一部真正意义上的水权交易规范性文件。填补了我国水权交易的制度空白,规范了水权交易类型,对可交易水权的范围、交易主体和期限作出了具体的规定。

2016年6月,中国水权交易所正式开业运营,标志着我国水权交易进入新发展阶段。其建立全国统一的水权交易制度、交易系统和风险控制系统,运用市场机制和信息技术推动跨流域、跨区域、跨行业以及不同用水户间的水权交易,打造符合国情水情的国家级水权交易平台,充分发挥市场在水资源配置中的重要作用,促进了水资源的合理配置、高效利用和有效保护。

2017年1月国务院下发《全民所有自然资源资产有偿使用制度改革的指导意见》(国发〔2016〕82号),要求完善水资源有偿使用制度,推进水资源税改革试点。鼓励通过依法规范设立的水权交易平台开展水权交易,区域水权交易或者交易量较大的取水权交易应通过水权交易平台公开公平公正进行,充分发挥市场在水资源配置中的作用。

2018年2月,水利部、国家发展和改革委员会、财政部联合印发《关于水资源有偿使用制度改革的意见》(水资源〔2018〕60号)。鼓励引导开展水权交易,推进区域间、流域间、流域上下游、行业间、用水户间等

---

① 薛福洋. 中国水权市场运行效果 [D]. 大连理工大学,2017.

多种形式的水权交易，积极培育水市场，充分发挥市场配置水资源的作用。

2019年1月11日，《建立市场化、多元化生态保护补偿机制行动计划》中提出，要完善水权配置。积极稳妥推进水权确权，合理确定区域取用水总量和权益，逐步明确取用水户水资源使用权、鼓励引导开展水权交易，对用水总量达到或超过区域总量控制指标或江河水量分配指标的地区，原则上要通过水权交易解决新增用水需求。鼓励取水权人通过节约使用水资源有偿转让相应取水权。健全水权交易平台，加强对水权交易活动的监管，强化水资源用途管制。

在政府配置方面，一是坚持系统治理，通过统筹自然生态各类要素，实现水利、环保、产业发展等相关规划统筹衔接、资金集中、措施同步，开展综合治理；二是加强水系工程建设，通盘考虑、审慎决策，着眼长远发展，系统规划区域水系，加快建设一批骨干水系工程，积极谋划一批战略性重大工程等；三是完善治水兴水机制，积极构建系统完备、科学规范、更加开放、运行有效的水治理体制机制。坚持节水优先，切实提高农业用水效益，提高水资源综合利用水平。

这一阶段，随着水权交易市场的日益活跃，水资源配置管理向政府与市场两手发力转变。一方面，政府通过严格控制总量、加强用途管制等实现"严控增量"；另一方面，市场则通过水权交易实现"盘活存量"，在地区间、流域间、流域上下游、行业间、用水户间流转水资源，为合理用水需求提供出路，充分发挥市场机制在水资源优化配置中的重要作用。

（2）评述

从其他水权市场的实践来看，即使是美国、澳大利亚等拥有成熟市场经济环境的国家，水权市场制度的实施仍然不断出现问题。智利被誉为发展中国家引入水权市场的范例，但在20世纪80年代修改水法、放开水市场后，水权市场遇到很多环境问题，迫使政府重新修订水法，对水市场交易作出大量限制，目前仍在不断强调用水的公益性。各国在发展水权交易的过程中，均不同程度走了"弯路"甚至"回头路"，水权市场并非单纯市场化手段能够管理好的[①]。

这是因为：其一从自然属性来看，水资源开发、利用和保护的复杂性往往需要借助大规模工程的手段才能满足生活、生产、生态的需要，因此水资源配置离不开政府的管理和指导；其二从经济属性来看，水资源的开发、利用和保护均具有极强的外部性，采用市场手段极易产生市场失灵，因此水资源配置需要政府进行宏观调控和监管；其三从社会属性来看，水资源事关人民基本生活和企业基本生产投入，具有极强的公益性，在促进水资源优化配置和高效利用过程中，首先是要满足促进社会公正和推动社会和谐的宏观要求，使得各区域人民生存和经济社会发展的基本要求得到满足，应坚持公平优先、效率次之的原则，水资源配置应坚持行政配置手

---

① 王亚华，舒全峰，吴佳喆. 水权市场研究述评与中国特色水权市场研究展望［J］. 中国人口·资源与环境，2017，27（6）：87-100.

段起基础性作用的方式。

目前通过市场化手段提高水权的交易效率已经达成共识，但是由于水资源的特征和属性，其市场化程度并非越高越好。过去我们长期迷信政府配置水资源，但发现了严重的"政府失灵"，现在搞水权改革，不能简单迷信市场配置水资源，同样也会存在严重的"市场失灵"。

政府的行政性资源配置手段应发挥基础性作用，市场配置手段应成为计划配置的有益补充，利用市场、又不迷信市场，提高资源配置的效率，达到配置手段的平衡。

2.1.4 无线电资源配置方式的转变

无线电频谱这种宝贵的自然的资源有其独特的个性，一是有限性，无线电频谱是全人类共享的有限自然资源，尤其是经济和社会高速发展带来对无线电业务和应用的海量需求，更加突出了有限的无线电频谱资源的供求矛盾；二是非耗竭性，其不同于土地、矿产、水等资源，这种资源能被利用，但不会耗竭；三是不可替代性，其所承载的许多应用，如移动通信、广播电视、航空导航、空间探测等，是其他资源无法替代的；四是可复用性，无线电频谱在一定的时间、地区、频域和编码条件下，是可以重复使用和利用的，即不同无线电业务和设备可以频率复用和共用；五是易受污染性，其容易受到自然噪声和人为噪声的干扰，使之无法准确、有效传送信息等；六是不可存储某个时期频率使用情况不会对下一个时期的频率质量产生影响，换言之，占用频谱资源不适用即是对该时期频谱资源的浪费[①]。

（1）无线电资源配置方式的演变

随着无线通信的进步和设备的广泛使用，无线电频率资源的供需矛盾日益突出，我国要打造网络强国和制造强国，都离不开无线电技术和频率资源的有效支撑。无线电资源配置方式的演变可划分为以下两个阶段：

①传统配置方式阶段（20世纪50年代—2000年）。无线电频谱资源的开发利用不仅关系到国民经济和社会可持续发展，还涉及国家主权和安全。因此我国一直沿用行政审批的手段对此类资源进行分配。管理方式也是粗放型的。需要使用无线电频率资源的用户向有管辖权限的国家或地方无线电管理机构提出申请，国家或地方无线电管理机构依职权实施频率使用许可。随着经济和社会的发展，这种传统的行政审批方式已经难以适应需要。一方面，在智能化浪潮下，国民经济各行业、各领域对无线电频谱的需求不断增长；另一方面，行政审批的方式不公开、不透明，且效率低下，一些单位拿到此类资源后并未好好利用，造成本就稀缺的资源被闲置，经济社会价值无法充分开发[②]。

②市场手段发展阶段（2002年至今）。2002年，无

[①] 中华人民共和国工业和信息化部. 无线电频谱具有哪些特性？http://www.miit.gov.cn/newweb/n1146285/n1146352/n3054355/n3057735/n3057744/n6161838/c6182399/content.html.

[②] 李方圆，崔成华，崔军峰. 我国无线电频谱资源市场化配置研究概览[J]. 中国无线电，2019（4）：42-46.

线电管理局首次采用评选（招标）方式分配3.5G频段抵免固定无线接入系统频率，这是新中国成立以来国家对无线电频率资源配置方式的一次重大改革。这表明我国对于频率资源的分配，已经跨出了过去单一的行政审批模式，步入了公开、公正、公平的以市场机制配置资源的新阶段[①]。

2016年12月，我国新修订的《中华人民共和国无线电管理条例》正式开始施行。其规定地面公共移动通信使用频率等商用无线电频率的使用许可，可依照有关法律、行政法规的规定采取招标、拍卖的方式进行分配。

2017年年初，中共中央办公厅、国务院办公厅印发的《关于创新政府配置资源方式的指导意见》，强调对无线电频率等非传统自然资源，推动竞争性市场化配置进程，逐步引入招投标、拍卖等竞争性方式进行配置，完善资源有偿使用制度，并在国内选取山西、安徽、河南、重庆和新疆5个省区市进行频谱市场化试点。

2017年11月，新疆维吾尔自治区无线电管理局在乌鲁木齐市采用竞争性方式开展了1800MHz频段无线接入系统频率使用许可试点工作，标志着我国采用竞争性方式开展频率许可试点工作首获成功。随后安徽、河南、山西、重庆的试点工作也取得了成功。至此，我国

---

① 王雅平. 从经济学角度谈无线电频率资源配置方式[J]. 中国无线电管理，2003（10）：26-28.

频率市场化进程迈出了重要的一步,取得阶段性成果[①]。

(2) 评述

对类似无线电等这类非传统自然资源,在频率许可过程中引入竞争规则,如通过拍卖、招标等市场化手段,既能发挥政府宏观管理的作用,也能充分调动市场主体积极性,同时频率分配过程更加公平、公正、公开,有效地缓解了供需矛盾,提高了资源配置的效率和效益。

由于我国无线电资源配置市场化改革才刚刚起步,仍然存在很多方面的不足。在当前阶段,我们一是要推进电信业市场化改革,引入新的市场竞争主体,有力地支撑无线电频谱资源的优化配置;二是要研究建立频谱回收补偿机制,在遇到利用率低、价值挖掘不充分甚至长期闲置不用的频谱时,可以通过经济手段对原有频率使用者予以补偿,推动频率资源回收工作等[②]。

2.1.5 小结

随着市场经济体制的建立,自然资源配置手段逐渐转化为以市场配置为主,慢慢实行自然资源资本化。但是,我国自然资源配置中仍存在市场竞争不充分、有偿使用制度不合理、制度体系不完善等突出问题,亟需创新自然资源配置机制。按照"使市场在资源配置中起决

---

① 无线电频谱资源市场化改革研究,https://www.zhazhi.com/lunwen/jjkx/wxdfzyjlw/175651.html.

② 杜奔,崔佳荣. 关于无线电频谱资源市场化配置的思考 [J]. 数字通信世界,2018 (1): 25+36.

定性作用和更好发挥政府作用"的改革要求,坚持人民立场、公平公正高效配置资源,坚持市场竞争取向、遵循自然发展规律等原则,同时借鉴国外与我国相似发展时期的公共资源配置方式经验做法。

在进行市场资源配置改革的过程中,我们仍需坚持"具体问题具体分析"的方法和思路,虽然自然资源有共同的特征——稀缺且是人类生产甚至生活必不可少的要素,但不同自然资源有其独特的属性。例如有些自然资源不可耗竭,如无线电等非传统自然资源,在配置中必须要充分利用和挖掘其内在价值,避免因闲置而产生的浪费;有些自然资源不可再生或再生速度慢,如土地、矿产、生物资源等,在配置过程中就应该注重开发和保护,通过界定产权或弥补其外部成本的方式,避免"公地的悲剧";有些自然资源其公益性强大,关系到社会稳定和公平,如水资源等,那么在配置过程中就不能完全按照市场化的方式,而是更大层面地发挥政府的作用……

在创新政府配置自然资源方式的过程中,我们不能一味地否定行政性政府配置手段的作用,迷信市场化的配置方式。必须结合各类资源的特点具体分析,充分发挥两种手段的优越性,尽量减少两种手段的功能劣势。另外,还应不断完善这两种手段、相互取长补短。在行政性手段中,提高政府的管理水平、引入竞争机制,提高透明度等,更好发挥政府资源配置的公平优势;在市场手段中,改善市场的外部环境、降低交易的外部性成本,进一步发挥市场的资源配置的效率优势。

2.2 经济资源领域

公共经济资源包括企业国有资产、行政事业国有资产和金融国有资产三大类。公共经济资源配置方式的演变，顺应我国经济体制改革的方向，体现了我国对政府与市场关系的认识不断深入的过程。

2.2.1 企业国有资产

(1) 计划与市场配置方式综合运用的探索期（1978—1992年）

1978年12月召开的党的十一届三中全会明确了党和国家的工作重心将转移到社会主义现代化建设上来，由此拉开了经济体制改革的序幕。在这一时期，我党对市场作用的认识程度不断加深，党的十一届六中全会、十二大、十二届三中全会、十三大是其中的重要时间节点。1981年，党的十一届六中全会文件指出，"必须在公有制基础上实行计划经济，同时发挥市场调节的辅助作用"。1982年，党的十二大报告指出，要贯彻计划经济为主、市场调节为辅的原则，国家通过经济计划的综合平衡和市场调节的辅助作用，保证国民经济按比例地协调发展，要正确划分指令性计划、指导性计划和市场调节各自的范围和界限。1984年，党的十二届三中全会通过了《中共中央关于经济体制改革的决定》，指出社会主义经济是"公有制基础上的有计划的商品经济"，要"有步骤地适当缩小指令计划的范围，适当扩大指导性计划的范围"。1987年，党的十三大报告指出"计划和市场的作用范围都是覆盖全社会的。新的经济运行机制，总体上来说应当是'国家调节市场，市场引导企业'的机制。"

在改革开放初期，在计划经济中引入市场调节的因素，缩小计划调节的范围、扩大市场调节范围，是当时的主线。作为经济体制改革的中心环节，国有企业的市场取向改革进入起步阶段，力图通过一系列"放权让利、两权分离"改革激发企业微观活力，并且通过改革实践丰富了市场经济理论。1979年7月，扩大企业经营管理自主权的试点在少数国营工交企业组织实施，1981年在国营工业企业中全面推开，1984年5月，国务院进一步下放了企业在生产经营计划、产品销售、产品价格、物资设置、人事劳动管理、工资奖金、联合经营十个方面的权力，对于进一步理顺国家和企业的分配关系，调动企业和职工的积极性，提高企业的经济效益具有重要意义。1981年，企业开始实行"包干加奖励"的办法，在企业内部实施工业经济责任制，采取多种形式调整国家与企业的利益关系。1983年4月，实施第一步"利改税"，税利并存；1984年10月试行了第二步"利改税"，由税利并存过渡到完全的以税代利。1987

年，承包经营责任制在前一年试点的基础上在全国普遍推广。1988年2月，国务院发布了《全民所有制工业企业承包经营责任制暂行条例》，该条例指出承包经营责任制是按照所有权与经营权分离的原则，确定国家与企业的责权利关系的经营管理制度。

国有企业还进行了税利分流试点，国家对国有企业取得的利润采取税与利不同的收缴方式，即企业先按税法规定向国家缴纳所得税，税后利润再在国家和企业之间进行适当分配。不同于之前一段时期采取的"利改税"试点，税利分流试点首次在分配关系上明确了国家对国有企业的社会管理者和资产所有者的双重身份以及分别依据的权力——政治权力和所有者权力（财产权力）。国家以社会管理者的权力征缴税收，以资产所有者的权力获取收益，从而在体制上明确了国家和企业的分配关系。

在国有企业所有权与经营权分离的改革进程中，将政府的社会管理者职能与国有资产所有者代表职能分开，探索建立国有资产管理的新体制，成为经济体制改革中的一个重要课题。长期以来，我国对国有资产的管理实行的是政企不分、产权管理主体多元化的体制，财政、计划委员会、经贸委员会、企业主管部门都是企业产权管理的主体，造成产权关系模糊、多头管理等弊端。1988年1月，国务院正式决定建立国家国有资产管理局（下称"国资局"），由财政部归口管理。国资局成立后，将对中华人民共和国境内和境外的全部国有资产（包括固定资产、流动资产和其他资产）行使管理职能，重点是管理国家投入各类企业（包括中外合资、合作企业）的国有资产。国资局行使国家赋予的国有资产所有权、监督管理权、国家投资和收益权、资产处置权等职能。国资局主要从价值形态对各类国有资产实行管理，管理重点是境内外企业生产经营用国有资产[①]。国资局的成立标志着在政府层面上将社会公共管理职能与国有资产管理职能分开方面迈出了重要的一步，在设立专司国有资产管理职能的机构方面开始了实质性的探索[②]。国资局成立后，开展了摸清家底、清产核资、资产统计、资产评估、境外国有资产产权清理、国资管理的理论研究等基础性工作。从其具体工作来看，国资局尚不具备出资人的职能，但国资局在国有资产管理方面的初期探索仍为以后的国有资产监管体制改革奠定了基础。

（2）市场配置方式的深化阶段（1993—2012 年）

1993 年，党的十四大提出我国经济体制改革的目标是建立社会主义市场经济体制，"建立社会主义市场经济体制，就是要使市场在国家宏观调控下对资源配置起基础性作用"。市场在国家宏观调控下对资源配置起基础性作用这一重要论断，从党的十四大开始到党的十八大，一直指导着我国的市场化改革，推动着资源配置方式的变革。1997 年，党的十五大提出"坚持和完善社会主义市场经济体制，使市场在国家宏观调控下对资源

---

① 蒋乐民. 国家国有资产管理局的基本职责和任务 [J]. 中南财经大学学报，1989（4）：38-41.

② 周放生. 国有资产管理体制改革的历史沿革 [J]. 国有资产管理，2008（11）：51-52.

配置起基础性作用"。2002年，党的十六大提出"在更大程度上发挥市场在资源配置中的基础性作用，健全统一、开放、竞争、有序的现代市场体系。"2007年，党的十七大指出"社会主义市场经济体制初步建立，同时影响发展的体制机制障碍依然存在""要深化对社会主义市场经济规律的认识，从制度上更好发挥市场在资源配置中的基础性作用，形成有利于科学发展的宏观调控体系。"2012年11月，中共十八大提出"更大程度更广范围发挥市场在资源配置中的基础性作用"①。

在党的十四大精神的指导下，1994年11月，国务院选择了100家不同类型的大中型国有企业进行现代企业制度试点。在国资管理方面，国家国有资产管理局在1998年国务院的机构改革中被撤销，其职能并入财政部，国资管理职能分散到多个部门，形成了多头管理的格局。机械、化工、内贸、煤炭等15个专业部委被改组为隶属于国家经贸委的国家局，并明确不再直接管理企业②。2001年，其中9个国家局被撤销，由此结束了政府部门直接管理国有企业的历史，为构建新的国资管理体制扫清了障碍。1999年，中共十五届四中全会提出要"按照国家所有、分级管理、授权经营、分工监管的原则，逐步建立国有资产管理、监督、营运体系和机制，建立与健全严格的责任制度"，第一次明确提出了

---

① 《坚定不移沿着中国特色社会主义道路前进　为全面建成小康社会而奋斗》——胡锦涛同志代表第十七届中央委员会向大会作的报告。

② 季晓南，郭毅，彭华岗. 国有资产经营管理理论与实践 [M]. 北京：中国经济出版社，2003.

国有资产"授权经营"的概念，推动国有资产管理体制改革向纵深发展。2000年国务院发布《国有企业监事会暂行条例》，向部分国有大型企业派出监事会。对27家关系国民经济命脉和国家安全的大企业大集团进行了国家授权投资机构和国家控股公司的试点，国务院向193家国有重要骨干企业派出监事会[①]。

2002年，党的十六大提出国有资产管理的新模式，"国家所有、中央政府和地方政府分别代表国家履行出资人职责"，即"国家所有，分级产权"模式。在此之前，国有资产采取的是"统一所有、分级管理"的管理模式。对国有企业改革，党的十六大提出积极推行股份制，发展混合所有制经济，国有大中型企业进行公司制改革，发展企业集团，放开搞活国有中小企业。2003年，国务院直属特设机构国务院国有资产监督管理委员会（下称"国资委"）成立，根据国务院授权，依照《中华人民共和国公司法》等法律和行政法规履行出资人职责，监管中央所属企业（不含金融类企业）的国有资产。此后，各地国资委相继成立。国资委的出现，使九龙治水局面得到了有效改善，是我国经济体制改革的一个重大突破。2007年9月，《国务院关于试行国有资本经营预算的意见》（国发〔2007〕26号）发布，国有资本经营预算制度得以建立，这是国有资产管理的又一项重要改革。国有资本经营预算试点工作于2007年启

---

① 郑海航. 中国国有资产管理体制改革三十年的理论与实践[J]. 经济与管理研究, 2008(11): 5-14.

动,根据要求,试点企业必须按照一定比例上缴国有资本收益。国有独资企业的利润、清算收入,国有控股、参股企业国有股权的股利、利息,企业国有产权的转让收入、国有控股、参股企业国有股权分享的公司清算收入都是国有资本收益的构成部分。从 2011 年起,中央国有资本经营预算实施范围扩大,并适当提高了中央企业国有资本收益收取比例,一些省市也先后出台了国有资本经营预算的实施办法。这一制度的实施改变了从 1994 年起国家不要求国有企业上缴税后利润的做法,而是依法取得国有资本的收益,这不仅是对所有者权益的维护,对国有资产所有者和经营者之间的利益分配关系的调整,同时也推动着国有资本经营收入与支出的规范化和国有资本收益的全民共享[①]。

(3) 市场配置方式的完善阶段(2013 年至今)

2013 年,党的十八届三中全会通过的《中共中央关于全面深化改革若干重大问题的决定》提出,"经济体制改革是全面深化改革的重点,核心问题是处理好政府和市场的关系,使市场在资源配置中起决定性作用和更好发挥政府作用。"这是我党对市场作用作出的新的重要论断,反映了对市场经济认识的深入和市场化改革的深入,此后这一论断一直作为我国市场经济体制改革的重要指导思想。

对深化国企改革和国资改革,党的十八届三中全会

---

① 王丹莉. 新中国国有资产管理模式的演变——从全面介入到两权分离 [J]. 当代中国史研究,2016,23 (5):16 - 26 + 124.

提出了新思路："大幅度减少政府对资源的直接配置""积极发展混合所有制经济""完善国有资产管理体制，以管资本为主加强国有资产监管，改革国有资本授权经营体制，组建若干国有资本运营公司，支持有条件的国有企业改组为国有资本投资公司""准确界定不同国有企业功能"。2014年7月份，国资委在中央企业启动了"四项改革"试点：一是中央企业改组国有资本投资公司试点；二是中央企业发展混合所有制经济试点；三是中央企业董事会行使高级管理人员选聘、业绩考核和薪酬管理职权试点；四是向中央企业派驻纪检组试点。

按照党的十八届三中全会的精神，国务院于2015年9月发布了《关于深化国有企业改革的指导意见》，对国有企业实行分类改革。根据国有资本的战略定位和发展目标，结合不同国有企业在经济社会发展中的作用、现状和发展需要，将国有企业分为商业类和公益类，分类推进改革、分类促进发展、分类实施监管和分类定责考核。商业类国有企业又区分为主业处于充分竞争行业和领域的和主业处于关系国家安全、国民经济命脉的重要行业和关键领域的两类，也要分类推进改革。

2017年1月，中共中央办公厅、国务院办公厅印发了《关于创新政府配置资源方式的指导意见》。其中，针对经营性国有资产（包括金融类和非金融类），提出要建立健全以管资本为主的国有资产管理体制，优化国有资本布局，完善国有资本授权经营体制，建立健全国有资本形态转换体制，规范经营性国有资产处置和收益分配，强化国有资本基础管理。明确提出建立健全国有资产的优胜劣汰市场化退出机制，企业重大资产转让应依托统一的公共资源交易平台公开进行。重大经营性国有资产出租、出借要引入市场机制。要逐步提高国有资本收益上缴公共财政比例，划转部分国有资本充实社保基金。

2018年8月，国务院国有资产监督管理委员会下发了《关于印发〈国企改革"双百行动"工作方案〉的通知》（国资发研究〔2018〕70号），国务院国有企业改革领导小组决定选取百余户中央企业子企业和百余户地方国有骨干企业（下称"双百企业"），在2018—2020年期间实施国企改革"双百行动"。"双百企业"遴选标准有三条：一是有较强代表性；二是有较大发展潜力；三是有较强改革意愿。这些"双百企业"将实现"五大突破、一个坚持"，即在混合所有制改革、法人治理结构、市场化经营机制、激励机制以及历史遗留问题方面实现突破，同时要坚持党的领导。

（4）小结

市场在资源配置中的作用，从计划经济为主、市场调节为辅，市场在资源配置中起基础性作用，到市场在资源配置中起决定性作用和更好发挥政府作用，对市场作用的认识和理解的加深一直指导着我国国有企业改革和企业国有资产的市场化改革。国有企业经历了改革开放初期的"放权让利、两权分离"改革以及后来的产权制度改革、建立现代企业制度、分类改革和发展混合所有制经济，市场在企业国有资产的资源配置中发挥着越来越重要的作用，国有企业改革不断深入，成为真正的市场主体，其潜能得到充分释放。目前，国有企业改革进入深水区，必须始终坚持市场在资源配置中起决定性作用的指导原则，激发企业的内在增长动力。

2.2.2　行政事业单位国有资产

行政事业单位国有资产是指由行政事业单位占有、使用的、在法律上确认为国家所有、能以货币计量的各种经济资源的总称。包括行政事业单位用国家预算资金形成的资产，国家调拨给行政事业单位的资产，行政事业单位按照国家政策规定运用国有资产组织收入形成的资产以及接受捐赠和其他经法律确认为国家所有的资产[①]。行政事业单位国有资产是我国国有资产的重要组成部分，是政府履行职能的重要保证，是事业发展的物质基础。

由于行政事业单位国有资产主要是由财政资金形成的资产，其配置方式以政府行政配置为主，随着我国经济体制改革的深化和国有资产管理体制不断完善，行政事业单位国有资产管理改革有序推进，市场配置方式开始显现并呈现多样化，资产配置效率得到提高。另外，行政事业单位国有资产的管理职责在不同时期有所调整，我国行政事业单位国有资产管理体制改革走的是一条"合—分—合"的发展道路，即先由财政部门统一管

---

① 财政部行政政法司编.行政单位国有资产管理暂行办法［M］.北京：中国财政经济出版社，2006：250.

理，随后部分管理职能从财政部门分离后成立专门的国有资产管理部门负责行政事业单位国有资产管理，之后由财政部门综合监管[①]。

(1) 1978—1988 年：财政管理阶段

改革开放后，我国的国有资产管理改革取得了较大进展，但改革的着力点在于国有企业和企业国有资产管理，行政事业单位国有资产管理体制和改革进程依然相对滞后。在"放权让利、放水养鱼"的指导思想下，国家对行政事业单位实行"预算包干"制，行政事业单位在结余资金使用上较以往有较大的支配权，享有对国有资产的占有使用权和收益权。为了规范国有资产收益，国家出台了包括专户储存、收支两条线在内的财政措施。行政事业单位的国有资产管理工作，包括资产清查、产权登记、资产处置等，作为财务管理工作的一部分，在财政部门统一领导下实行分级管理。

(2) 1988—1998 年：国资局管理阶段

1988 年，国家国资局成立，内设行政事业资源司，统一行使行政事业性国有资产所有权管理职能。1995 年，国家国资局和财政部颁布了《行政事业单位国有资产管理办法》（国资事发〔1995〕17 号）、《行政事业单位国有资产产权登记实施办法》（国资事发〔1995〕31 号）、《行政事业单位国有资产处置管理实施办法》（国资事发〔1995〕106 号）等规章制度。在《行政事业单位国有资产管理办法》中明确了行政事业单位非经

[①] 文宗瑜，谭静. 行政事业性国有资产管理 [M]. 北京：经济科学出版社，2014.

营性资产转经营性资产的方式和流程以及行政事业单位资产处置包括调拨、转让、报损、报废等方式，《行政事业单位国有资产处置管理实施办法》将资产处置进一步明确为无偿调出、出售、报废、报损等方式。

（3）1998—2004年：多头管理阶段

1998年，国务院机构改革中撤销了国家国有资产管理局。1998年7月，根据国务院办公厅的《财政部职能配置、内设机构和人员编制规定》（国办发〔1998〕101号），原国家国有资产管理局承担的制定政府公共财产管理规章制度的职能划入财政部，中央行政事业性国有资产产权界定、清查等各项工作由国家机关事务管理局承担。2003年，国务院国资委成立，但并不承担行政事业单位国有资产出资人职能。

（4）2004年至今：财政综合管理阶段

2004年，财政部成立了行政政法司的行政资产处和教科文司的事业资产处，分别负责全国的行政性和事业性国有资产管理工作。随着财政改革和行政事业单位体制改革的不断深化，新形势对规范和加强行政事业单位国有资产管理、合理配置和有效利用国有资产提出了新要求。与此相适应，2006年5月，《行政单位国有资产管理暂行办法》（财政部令第35号）和《事业单位国有资产管理暂行办法》（财政部令第36号）出台。2009年，国务院机关事务管理局出台了《中央行政事业单位国有资产管理暂行办法》（国管资〔2009〕167号），该文件第二章中规定了资产配置方式主要包括购置、调剂、租赁、受赠等。《中央行政事业单位国有资产处置管理办法》（国管资〔2009〕168号）分类规定了房屋、车辆、设备、家具和其他国有资产的处置，资产处置平台以及处置收入管理。

2014年，财政部为完善国有资产管理体制、统一归口管理行政事业单位和企业的国有资产，将企业司改造为主要以国有资产所有者身份履行国有资产管理职责的内设机构，相应更名为资产管理司。同时将行政政法司的行政资产处和教科文司的事业资产处划入了资产管理司。资产管理司在行政事业资产管理方面的主要职责包括拟订和组织实施行政事业类资产管理规章制度，承担中央行政事业类国有资产管理有关工作。

2017年1月，中共中央办公厅、国务院办公厅印发的《关于创新政府配置资源方式的指导意见》中，对用于实施公共管理和提供公共服务目的的非经营性国有资产，提出要坚持公共配置原则，积极引入竞争机制提高配置效率，提高基本公共服务的可及性、公平性。提出要区分政府作为资源配置者和行业监管者的不同职能，创新和改进政府直接配置资源的方式。2018年12月，财政部发布了《关于进一步加强和改进行政事业单位国有资产管理工作的通知》（财资〔2018〕108号），提出"要强化资产配置与资产使用、处置的统筹管理，探索建立长期低效运转、闲置资产的共享共用和调剂机制"，建立健全新增资产配置相关预算管理制度。2018年12月，财政部出台了《中央行政事业单位国有资产配置管理办法》（财资〔2018〕98号），自2019年1月1日开始施行，该办法指出资产配置的主要方式包括调剂、租用、购置、建设、接受捐赠等。

（5）小结

保障行政事业单位有效运转和高效履职是行政事业国有资产配置的一个重要原则。随着社会主义市场经济体制的建立和完善，行政事业单位提供公共产品和服务的职能日益受到重视，资产配置应与其职能相匹配。以行政配置为主，辅以市场化配置方式，可以提升行政事业资产的使用效率，提升行政事业单位提供公共产品和服务的效率。

2.2.3 金融国有资产

金融企业国有资产是推进国家现代化、维护国家金融安全的重要保障，是党和国家事业发展的重要物质基础。1978年改革开放前，我国实行的是传统计划经济下的金融管理体制，在相当长的时间里，中国只有一家金融机构即中国人民银行，采取的是集中统一的监管体制，各级分行的人、财、物也由总行集中统一管理。1978年，我国开始实行改革开放政策，我国的金融业也开始了多元化改革进程。

（1）起步阶段（1978—1997年）

这一阶段国有企业改革以放权让利、政企分开到产权制度改革为主线，国有金融企业改革和金融国有资产管理改革在此背景下展开，但总体上滞后于非金融国有企业的改革。

1979年，中国人民保险公司重新建立，国内保险业务恢复，同年成立了中国国际信托投资公司，信托业开始起步。1983年9月，国务院作出由中国人民银行专门行使中央银行的职能的决定，1984年，中国银行、中国农业银行、中国工商银行、中国建设银行四大专业银行体系形成。为了打破专业银行垄断的市场格式、引入竞争机制，1987年，全国第一家全国性的国有股份制商业银行——交通银行重新组建。1990年和1991年，上海证券交易所和深圳证券交易所先后成立，1992年中国证券监督管理委员会成立，我国的证券业和资本市场由此开始迅猛发展。1993年，国务院发布的《关于金融体制改革的决定》提出取消中国人民银行的利润留成制度，实行独立的财务预算管理制度，并与所办经济实体脱钩。1994年，正式组建国家开发银行、中国进出口银行、中国农业发展银行等三大政策性银行，政策性金融业务剥离。1995年，《中华人民共和国中国人民银行法》和《中华人民共和国商业银行法》先后出台，确立了央行和商业银行的法律地位，初步确定的中央银行制度的基本框架。

（2）多头管理框架形成（1997—2008年）

1997年东南亚金融危机爆发，中央召开第一次全国金融工作会议，进一步深化金融改革，加快建立现代金融体系和金融制度。

在国有金融资产管理体制方面，1998年机构改革中，金融类和非金融类国有资产的基础管理职能分别划归财政部金融司和企业司。这一阶段的金融类国有资产管理体制，形成了中央金融工作委员会和组织部管人事、财政部管财务、央行管业务发展的多头管理框架。

2002年，中央召开第二次全国金融工作会议，主要内容是快速推进新一轮国有商业银行改革，撤销中央金融工作委员会，成立中国银行业监督管理委员会，并成立国有银行改革领导小组，酝酿、统筹、部署国有银行改革方案。2003年9月，国务院成立了国有独资商业银行股份制改革试点工作领导小组，决定启动国有商业银行股份制改革。同年，中央机构编制委员会办公室《关于金融类企业国有资产管理部门职责的分工》中明确了各部门的职责，其中金融类企业国有资产基础管理，继续由财政部负责，主要是金融类企业国有资产的清产核资、资本金权属界定和登记、统计、分析、评估。金融类企业国有资产转让、划转处置管理，由财政部负责；涉及国资委监管的国有企业投资在金融类企业的国有资产转让、划转，由国资委依法履行出资人职责。金融类企业固有资产转让、划转中的合规性（是否符合金融和利用外资等政策）审查管理，由中国银行业监督管理委员会、中国证券监督管理委员会、中国保险监督管理委员会、商务部等部门继续按各自职能分别负责。同年11月，国务院批准成立中央汇金投资有限责任公司（汇金公司），以出资额为限代表国家依法对中国银行和中国建设银行等重点金融企业行使出资人权利、履行出资人义务，实现国有金融资产保值增值。

根据职责范围，财政部先后颁布了《金融企业国有资本保值增值结果确认暂行办法》（财政部令第43号），《金融企业国有资产评估监督管理暂行办法》（财政部令第 47 号)、《金融类企业国有资产产权登记管理办法》（财金〔2006〕82 号）以及《金融类国有及国有控股企业绩效评价暂行办法》等工作指引和管理条例来进一步提高金融国有资产管理的专业性和规范性。

2008 年，《中华人民共和国企业国有资产法》出台，该法的适用范围涵盖了金融企业国有资产，但只作出了原则性规定。

(3) 2009 年至今：资本管理

习近平总书记在党的十九大报告中明确指出，要完善各类国有资产管理体制，改革国有资本授权经营体制，促进国有资产保值增值，有效防止国有资产流失；在第五次全国金融工作会议上强调，要优化金融机构体系，完善现代金融企业制度，完善国有金融资本管理。

2018 年 6 月 30 日，中共中央、国务院印发《关于完善国有金融资本管理的指导意见》（以下简称《指导意见》），具有重要里程碑意义，是做好国有金融资本管理工作的纲领性文件。《指导意见》强调要"优化国有金融资本配置格局"，并提出了具体政策措施，包括统筹规划国有金融资本战略布局，适应经济发展需要，有进有退、有所为有所不为，合理调整国有金融资本在银行、保险、证券等行业的比重，提高资本配置效率，实现战略性、安全性、效益性目标的统一，既要减少对国有金融资本的过度占用，又要确保国有金融资本在金融领域保持必要的控制力。《指导意见》进一步将金融机构分成三类并提出相应要求，即开发性和政策性金融机构、涉及国家金融安全、外溢性强的金融基础设施类机构、在行业中具有重要影响的国有金融机构以及处于竞争领域的其他国有金融机构。同时,《指导意见》要求继续按照市场化原则,稳妥推进国有金融机构混合所有制改革。

(4) 小结

随着我国经济体制改革的不断深化,我国国有金融资本管理体制得以理顺,建立健全了现代金融企业制度,增强金融服务实体经济的能力,促进国有金融资产保值增值。

2.3 社会资源领域

社会资源主要是指公用事业领域具有基础性、先导性、公用性的资源,如供水、供气、供热、公共交通、污水或垃圾处理等行业的特许经营权,以及教育、医疗、公共文化等领域基本公共服务均等化所需要的公共资源等[①]。由于篇幅所限,本节重点研究汽车牌照资源、医疗卫生资源、教育资源和无线电频谱资源等四种社会资源配置方式的演变。

---

① 迟福林主编. 市场决定——十八届三中全会后的改革大考 [M]. 北京:中国经济出版社. 2014.

2.3.1 汽车牌照资源配置

经济快速发展、城市化进程加快造成的其中一个重大问题是因机动车保有量持续增长造成的城市交通拥堵和机动车污染。为了解决这一问题，上海、北京等大城市出台了对私人小汽车的额度控制措施。上海采取了市场化的牌照拍卖制度，而北京采取了非市场化的摇号机制。

(1) 牌照拍卖制度

上海是国内第一个采取限制小汽车拥有量的城市，也是目前为止采取限制小汽车拥有量措施最长的城市。上海私车额度拍卖政策源于1986年开始的私车牌照有底价、不公开拍卖。当时小汽车大部分属于政府机关、国企、军队，属于私人拥有的小汽车可以称得上是一种奢侈品。这一阶段的私车牌照拍卖具有不公开性。

1993年，研究小组首次提出限制小汽车增长量的观点，他们认为面对日益拥堵的城市交通，要按照城市交通用地数量来控制小汽车增长量。1994年，上海正式通过有底价、密封的拍卖方式，通过市场化方式配置私车牌照。严格意义上说，这个阶段的拍卖还不能说是完全为了限制小汽车拥有量。进入21世纪，上海普通市民购买私家车的需求快速增长，上海自2000年开始实行每月一次的私车牌照无底价拍卖政策。

(2) 私车牌照摇号制度

①北京的私车牌照摇号政策。北京于2010年12月

开始对小汽车数量实施调控，以摇号方式来无偿分配小汽车的配置指标。2010 年北京私车车牌摇号政策出台开始，小汽车配置数量为 24 万辆，平均每月 2 万个私车牌照。从 2014 年开始，北京又将年度配置指标数降为 15 万辆，并改为每两个月摇号一次。该政策一开始仅针对私人小汽车的牌照，之后才进一步将机关、企业事业单位、社会团体等组织的小汽车指标与个人指标一同纳入摇号管理。

②贵阳的私车专段号码摇号政策。2011 年 7 月，贵阳出台《贵阳市小客车号牌管理暂行规定》，将贵阳新增的小客车号牌分为专段号牌和普通号牌。对可以在所有道路通行的专段号牌数量实行总量控制，对不能在城市一环路以内的道路通行的普通号牌数量则不实行限制政策。

③私车牌照摇号和竞价并行。广州、天津、杭州和深圳均对私车增量牌照实施摇号和竞价并行配置方式。以广州实施的政策为例，广州将中小汽车指标分为增量指标、更新指标和其他指标。增量指标为新增的小汽车数量指标，包括普通车增量指标和节能车增量指标。更新指标则是指单位、个人将原有小汽车转移、注销或者迁出后，再重新申领的小汽车指标。增量指标一部分采取摇号方式，另一部分采取网上竞价方式。

（3）小结

小汽车牌照很显然是一种公共资源，无论是非市场化的摇号方式还是市场化的竞价方式，都是以公平为目的的配置方式。应当采取措施进一步推进摇号或竞价中的程序透明、公开和法制化，完善监督管理制度，保证公共资源配置的公平性。

2.3.2 医疗卫生资源配置

（1）医疗改革启动时期（1978—1992年）

1978年，党的十一届三中全会提出"把党的工作重心转移到经济建设上来"，逐渐形成了"公有制为主体，多种经济成分并存"的格局。在这种背景下，1979年，全国卫生厅局长会议提出"运用经济手段管理卫生事业""把卫生工作重点转移到医疗卫生现代化建设上"，卫生部、财政部和国家劳动总局联合发出《关于加强医院经济管理试点工作的通知》，对医院可以实行"五定"，即定任务、定床位、定编制、定业务技术指标、定经费补助，并对医院的经费补助准备实行"全额管理、定额补助，结余留用"的制度。1985年，国务院批转了卫生部起草的《关于卫生工作改革若干政策问题的报告》提出"必须进行改革，放宽政策，简政放权，多方集资，开拓发展卫生事业的路子，把卫生工作搞好"，正式启动了以"放权让利，扩大医院自主权"为核心思路的医疗卫生体制改革。1989年，《关于扩大医疗卫生服务有关问题的意见》出台，为了扩大医疗卫生服务，鼓励医疗机构积极推行各种形式的承包责任制，国家对医疗卫生事业单位的部分经费补助实行定额包干以及开展有偿服务、调整医疗服务收费标准、"以副补主"等措施。这一时期，政府在医疗卫生领域的财政投入逐步减少，在医疗服务供给中增加市场化因素。

（2）市场化推进时期（1992—2009年）

1992年初，我国经济体制改革目标确定为"建立社会主义市场经济体制"，肯定了市场在资源配置中的基础性作用，在医疗卫生领域，探寻适应社会主义市场经济的医疗卫生体制成为改革的主要目标。

20世纪90年代初期，卫生部要求医院"以工助医，以副补主"，医院必须自主创收来弥补收入不足，影响了医疗机构公益性的发挥。1996年12月9日，中共中央、国务院召开了新中国成立以来第一次全国卫生工作会议，此次会议为下一步卫生改革工作的开展打下了坚实的基础。1997年1月，中共中央、国务院出台《关于卫生改革与发展的决定》，明确提出卫生工作的奋斗目标和指导思想，并提出建立社会统筹与个人账户相结合的医疗保险制度，逐步扩大覆盖面，为城镇全体劳动者提供基本医疗保障。在该文件中，明确了"我国卫生事业是政府实行一定福利政策的社会公益事业""政府对发展卫生事业负有重要责任"。然而在实践中，医疗过度市场化造成的"看病难、看病贵"问题和政府医疗卫生投入不足的问题并没有采取相应的政策加以解决。

1998年开始推行"三项改革"，即医疗保险制度改革、医疗卫生体制改革、药品流通体制改革。国务院办公厅2000年2月批转了体改办、卫生部等八部委《关于城镇医药卫生体制改革的指导意见》和之后陆续出台的13个配套政策，明确将医疗机构区分为"营利性"

和"非营利性"两类,医院产权改革启动,公立医院被拍卖,政府资本逐步退出,民营资本纷纷进入。2003年,"非典"疫情在全国蔓延,这一突发的公共卫生事件暴露了我国公共卫生事业和政府应急管理中的短板。2005年,卫生部否定了医改的市场化道路,认为解决"看病难、看病贵"问题的根本途径在于依靠政府。

在这一阶段,医疗卫生领域的市场化改革,一方面导致卫生资源在城市与农村之间配置不均衡,先进的医疗设备和高水平的医疗工作者流向大城市、大医院;另一方面,财政在基本医疗卫生领域投入不足,"看病难、看病贵"以及医患矛盾成为突出的社会问题,我国医疗卫生体制暴露出严重弊端。

(3) 新医改时期(2009年至今)

2009年3月,按照党的十七大精神,为建立中国特色医药卫生体制,逐步实现人人享有基本医疗卫生服务的目标,提高全民健康水平,中共中央、国务院《关于深化医药卫生体制改革的意见》出台,强调"坚持公平与效率统一,政府主导与发挥市场机制作用相结合"。一方面要强化政府在基本医疗卫生制度中的责任,维护公共医疗卫生的公益性,促进公平公正。另一方面,注重发挥市场机制作用,以高效率、高水平和质量的医疗卫生服务满足人民群众的多层次和多样化需求。2012年,党的十八大提出到2020年实现全面建成小康社会宏伟目标,医疗卫生事业的目标是"人人享有基本医疗卫生服务"。2016年,国务院在《"十三五"深化医药卫生体制改革规划》(国发〔2016〕78号)

中，提出"坚持政府主导与发挥市场机制作用相结合。在基本医疗卫生服务领域，坚持政府主导，落实政府责任，适当引入竞争机制。在非基本医疗卫生服务领域，发挥市场活力，加强规范引导，满足多样化、差异化、个性化健康需求"的基本原则。

（4）小结

我国的医疗卫生事业发展走过了一条较为曲折的道路，政府在提供基本医疗公共产品和服务方面的责任的缺失导致了"看病难、看病贵"，通过新医改虽然有所缓解，我国医疗卫生资源配置不合理的问题仍然存在。解决这一问题的根本途径，在于在基本医疗卫生领域发挥政府的主导作用，保证基本医疗卫生服务的公平公正，同时发挥市场作用、引入竞争机制，提高基本医疗卫生服务的效率。

2.3.3 教育资源配置

（1）教育秩序重建期（1978—1984年）

1977年，高考制度恢复。1978年，教育部重新颁发了《全日制小学暂行工作条例（试行草案）》《全日制中学暂行工作条例（草案）》，全面恢复"文化大革命"前的教育体制，确定了中小学的基本学制和课程设置，使基础教育迅速摆脱混乱局面，重新回到正常发展的轨道。

（2）教育体制改革启动期（1985—1991年）

1985年，《中共中央关于教育体制改革的决定》

（以下简称《决定》）出台，我国教育体制改革全面启动。《决定》明确提出实施"地方负责、分级管理"的基础教育管理体制，并逐步探索与改变单一的国有化办学体制，允许和鼓励企事业单位、社会团体及公民办学，建立国家和社会各方面共同办学的新体制。为了加快教育事业的发展，在国家财力有限的情况下，国家、集体、个人多元化的教育筹资体制初步形成。1986年7月1日起施行的《中华人民共和国义务教育法》明确提出"国家实行九年制义务教育"。

（3）引入市场机制的探索（1992—2001年）

1992年，党的十四大确立了建设社会主义市场经济体制的改革目标，我国改革开放进入新阶段。中共中央、国务院于1993年2月13日印发的《中国教育改革和发展纲要》提出，"改革包得过多、统得过死的体制，初步建立起与社会主义市场经济体制和政治体制、科技体制改革相适应的教育新体制""改变政府包揽办学的格局，逐步建立以政府办学为主体、社会各界共同办学的体制"。这一论述阐明了教育体制改革中政府与市场的关系，"既不是完全的政府，也不是完全的市场，教育体制改革就是在合理界定政府与市场边界的基础上，建立起既遵循教育规律，又适应市场经济体制要求的教育新体制。"①

1998年，教育部《面向21世纪教育振兴行动计划》提出深化办学体制改革，调动各方面发展教育事业

---

① 谈松华. 推进教育体制改革的若干思考[J]. 管理学刊，2010，23（1）：78-81.

的积极性,并制定了"今后3—5年,基本形成以政府办学为主体、社会各界共同参与、公办学校和民办学校共同发展的办学体制"的目标。2001年5月,《国务院关于基础教育改革与发展的决定》(国发〔2001〕21号)提出要推动基础教育优先发展。

(4) 公平优先、兼顾效率的深化期(2002年至今)

2002年,党的十六大召开,再一次强调了实施科教兴国战略和人才强国战略,对教育提出了新的任务和奋斗目标。根据党的十六大提出的要求,教育部组织起草了《2003—2007年教育振兴行动计划》,提出"建立与公共财政体制相适应的教育财政制度,保证经费持续稳定增长""拓宽经费筹措渠道,建立社会投资、出资和捐资办学的有效激励机制"。2006年9月1日起施行的新修订的《中华人民共和国义务教育法》明确指出,"义务教育是国家必须予以保障的公益性事业",并提出国务院和地方人民政府用于实施义务教育的财政投入增长速度要超出财政经常性收入的增长速度。2010年发布的《国家中长期教育改革和发展规划纲要(2010—2020年)》明确提出,把"促进公平"作为教育基本教育政策,教育公平是社会公平的重要基础。2012年7月20日,《国家基本公共服务体系"十二五"规划》将基本公共教育列为基本公共服务的规划范围内,并单列一章详细阐述了基本公共教育的重点任务、基本标准和保障工程。2012年11月,党的十八大提出"大力促进教育公平,合理配置教育资源,重点向农村、边远、贫困、民族地区倾斜,支持特殊教育,提高家庭经济困难学生资助水平,积极推动农民工子女平等接受教育,让每个孩子都能成为有用之才"。党的十八大以来,教育事业发展进入了提高质量、优化结构和促进公平的新时期。为了解决我国教育发展不平衡、不充分的问题,党的十九大提出"努力让每个孩子都能享有公平而有质量的教育",为我国教育改革指明了新目标。

(5) 小结

教育体制改革40多年的经验表明,我国的教育体系经历了从统一管理逐步向多元参与转变,教育发展目标从"效率优先、兼顾公平"向"公平优先、兼顾效率"转变,中央和地方、政府和学校之间的职责逐步理清,政府和市场的边界。

第 3 章

公共资源配置方式创新的基本情况

本章重点分析国家有关公共资源配置方式的体制机制改革和政策导向以及地方公共资源市场化交易方式改革的探索,为下一步的公共资源市场化配置改革提供启示与思考。

3.1 自然资源领域

党的十九大明确指出,经济体制改革必须以完善产权制度和要素市场化配置为重点,实现产权有效激励、要素自由流动、价格反应灵活、竞争公平有序、企业优胜劣汰。公共资源是重要的生产要素,让公共资源配置更加合理、交易更加便捷、信息更加透明、监管更加有力,是建设现代化经济体系,加快完善社会主义市场经济体制的内在要求,也是推进国家治理体系和治理能力现代化的重要内容。

3.1.1 国家层面

依据中共十八届三中全会《中中央关于全面深化改革若干重大问题的决定》提出的"使市场在资源配置中起决定性作用"的有关精神,中央层面不断建立健全与我国自然资源国情和发展阶段、维护所有者权益、建设生态文明要求相适应的全民所有自然资源资产有偿使用制度。

2015年9月,中央《生态文明体制改革总体方案》明确提出,要健全全民所有自然资源资产有偿使用制度,并将制定出台指导意见列为重要改革任务。2017年1月,国务院正式发布《关于全民所有自然资源资产有偿使用制度改革的指导意见》,提出立足经济社会发展和生态文明建设全局,既考虑各类自然资源资产的特殊性,又兼顾资源之间的普遍性和规律性,坚持综合统筹和分类改革相协调,以保护优先、合理利用为导向,以用途管制、依法管理为前提,以明晰产权、丰富权能为基础,以市场配置、完善规则为重点,以开展试点、健全法制为路径,以创新方式、加强监管为保障(见表3-1)。

表3-1 《关于全民所有自然资源资产有偿使用制度改革的指导意见》主要内容

资源类别	有偿使用改革主要内容
土地资源	在全面落实规划土地功能分区和保护利用要求的前提下,坚持增量存量并举,以扩大范围、扩权赋能为主线,将有偿使用扩大到公共服务领域采取政府和社会资本合作的建设项目和国有农用地,明晰国有农用地使用权及其权能,彰显土地资产权益,促进土地资源节约集约利用
矿产资源	在强化矿产资源保护的前提下,完善矿业权有偿出让制度、矿业权有偿占用制度和矿产资源税制度,建立矿产资源权益金制度,健全矿业权分级分类出让制度,合理划分各级国土资源主管部门的矿业权出让审批权限,提高矿业权市场化出让比重,理顺各类税费关系,促进矿产业可持续发展
水资源	在深入实施最严格水资源管理制度、落实水资源管理"三条红线"、强化水资源节约利用与保护的前提下,完善水资源费差别化征收标准和管理制度,推进水资源税改革试点,开展水权交易,充分体现水资源价值和稀缺程度,提高水资源利用效率和效益
森林资源	确定国有森林资源资产有偿使用的范围、期限、条件、程序和方式,规范有偿使用和流转,支持通过租赁、特许经营等方式发展森林旅游
草地资源	在严格保护草原生态、健全基本草原保护制度的前提下,对已改制国有单位涉及的国有草原和流转到农民集体以外的国有草原,探索实行有偿使用,改善草原生态环境,切实落实国家所有者权益
海域资源	在采取严格生态保护措施的前提下,明确无居民海岛有偿使用的范围、条件、程序和权利体系,设立无居民海岛使用权和完善其权能,逐步扩大市场化出让范围。促进海域海岛资源有效保护与可持续利用,保障国家海洋生态安全和海洋权益

3.1.2 地方层面

(1) 多地推动自然资源产权制度改革

多地自然资源产权制度改革初见成效。如福建省全面完成土地承包经营权确权登记颁证,基本完成农垦国有土地使用权确权登记发证,完成晋江市农村土地制度改革三项试点及厦门市完善建设用地使用权转让、出租、抵押二级市场试点。到2020年,完成福建全省自然资源统一确权登记、农村地籍和房屋调查,实现自然资源权利清单管理,基本建成符合实际需要和有关规定的自然资源产权交易平台、自然空间监管平台,基本建立归属清晰、权责明确、流转顺畅、保护严格、监管有效的自然资源产权制度。

(2) 多地深化土地资源配置方式改革

地方主动探索多元化土地出让方式。根据现行规定,协议、招标、拍卖及挂牌等四种市场化土地出让方式,通常要根据不同情况进行选择。原则上,经营性用地都要招拍挂,公益性用地采取协议出让方式,产业用地要逐步实现"招拍挂"。在"房住不炒"的思路下,近两年各地供地方式改革不断推进,供应了一批共有产权等保障性用地。即使商品房用地,在土地政策上也增加了限房价、限地价、增加刚需户型供应等举措。这些政策,突出了土地的保障属性,不再是以往"招拍挂"下的"唯价格"导向。地方政府试水土地出让方式多元化,更要看重土地上承载的内容是否代表先进生产力、是否符合城市发展方向、是否有高质量的产出、是否有好的生态环境、是否承担了更多的社会责任。

如浙江省嘉兴市开展深化工业用地市场化配置改革的探索。嘉兴市以"亩产论英雄"、节约集约用地和完善服务环境为导向,通过"增量选优、存量提质、完善配套机制"三大路径,着力提升工业用地配置水平。在"增量选优"上,通过实施差别化土地供应政策及监管模式,进一步优化土地要素配置,保障优质项目落地。在"存量提质"上,通过工业用地绩效评价,建立评价成果与用水、用电、排污等生产要素相挂钩,倒逼其提升用地效率。在"优化服务环境"上,通过建立健全市场交易平台,深化行政审批制度改革,保障市场在土地资源配置中发挥决定性作用。

再如,深圳市龙岗区探索"先租后让"的土地出让方式。由于区域土地资源紧张,且能满足直接出让的净地存量有限,传统的土地出让模式,产业用地一经出让,使用年期就是 20 年、30 年,即使出让后项目无法达到预期的要求,也无相应的退出机制,这在一定程度上造成了资源的浪费。为改变这一情况,龙岗区探索试行"先租后让、租让结合"的产业用地供给新模式,同时建立产业、规划国土、市场监管、税务等多部门的"全方位、全周期"联合监管机制以及用地退出机制,为产业空间发展提供了新思路。例如,政府以"先租后让"方式供应一宗产业用地,租赁期限为 5 年。如 A 企业竞得该地块,需与政府签订土地使用权租赁合同及产业发展监管协议。租赁期限内,若 A 企业的产值、税收等各项指标通过履约考核，则上述土地使用权由租赁转为出让；如果未能通过履约考核，租赁期满将收回土地使用权。

3.2 经济资源领域

3.2.1 国家层面

（1）以"管资本"为主推进国有企业改革

总体来看，以"管资本"为主转换国有资本监管、加快国有经营性经济资源配置具有以下四个特点：

一是通过成立"两类公司"和保留一批产业集团，进一步推动实现政企分开、政资分开。以管资本为主改革国有资本授权经营体制，具体路径是通过改组组建国有资本投资、国有资本运营公司以及继续保留一批国有企业产业集团，充分发挥"两类公司"和产业集团在产业经营、投融资、资本运作等方面的功能，进一步提高国有资本配置和运营效率，加快推动实现政企分开、政资分开，真正确立国有企业的市场主体地位。2018年7月份，国务院印发《关于推进国有资本投资、运营公司改革试点的实施意见》，进一步明确了"两类公司"的功能定位、组建方式、授权机制、治理结构、运行模式以及监督与约束机制等。截至 2018 年中期，国资委在中央企业层面已经选择了 8 户企业开展国有资本投资公司试点、2 户企业开展运营公司试点，各地方国有企业已改组组建国有资本投资、运营公司 89 家。

二是进一步明确了中央企业结构调整与重组路线，中央企业重组速度不断加快。中央企业重组立足形成一批具有创新能力和国际竞争力的世界一流跨国公司，通过实现"四个一批"，即"巩固加强一批、创新发展一批、重组整合一批、清理退出一批"，不断优化中央企业产业结构。

三是通过转变国资监管职能，进一步加强向国有企业的放权、授权力度。国资监管部门大力推动以管资本为主转换国有资本监管职能，进一步精简监管事项，标志着国资监管机构将进一步科学界定国有资产出资人监管的边界，更加突出强化管资本职能，不再直接管理企业的具体经营行为，将有助于充分激发企业的活力和创造力。

四是通过构建国有资产交易监管制度体系，充分保障国有资产保值增值。国家出资企业产权转让、增资、资产转让等国有资产交易行为得以准确界定，纳入国有资产交易监管的企业范围、具体监管要求等也进一步得以明确，从而能够有效规范和促进企业国有资产运作，充分保证国有资产保值增值。

（2）推进国有金融资源配置体制改革

2018 年 7 月，国务院发布《关于完善国有金融资本管理的指导意见》（以下简称《指导意见》），要求依法依规管住管好用好、坚定不移做强做优做大国有金融资本，不断增强国有经济的活力、控制力、影响力和抗风险能力。

一是完善了完善国有金融资本管理体制机制。体制上，《指导意见》提出，明确出资人职责，国有金融资本属于国家所有即全民所有。国务院代表国家行使国有金融资本所有权。国务院授权财政部履行国有金融资本出资人职责。地方政府授权地方财政部门履行地方国有金融资本出资人职责。根据统一规制、分级管理的原则，财政部负责制定全国统一的国有金融资本管理规章制度。各级财政部门依法依规履行国有金融资本管理职责，负责组织实施基础管理、经营预算、绩效考核、负责人薪酬管理等工作。国有金融资本管理应当与实业资本管理相隔离。机制上，根据《指导意见》的要求，健全国有金融资本基础管理制度，落实国有金融资本经营预算管理制度，严格国有金融资本经营绩效考核制度，健全国有金融机构薪酬管理制度，加强金融机构和金融管理部门财政财务监管。通过完备的制度，实现机制的有效运转。

二是注重提高国有金融资本配置的效率和效率。坚持出资人管理和监督的有机统一，强化出资人监督，动态监测国有金融资本运营。强调资本合理布局，坚持有进有退、突出重点，进一步提高国有金融资本配置效率，规范国家与国有金融机构的分配关系，全面完整反映国有金融资本经营收入，合理确定国有金融机构利润上缴比例，平衡好分红和资本补充。结合国有金融资本布局需要，不断优化国有金融资本经营预算支出结构，建立国有金融机构资本补充和动态调整机制，健全国有金融资本经营收益合理使用的有效机制。

三是明确以管资本为主加强资产管理。按照市场经济理念，积极发挥国有金融资本投资、运营公司作用，着力创新管理方式和手段，不断完善激励约束机制，提高国有金融资本管理的科学性、有效性。

（3）以PPP模式大力推动经济资源配置机制改革

近年来，从中央到地方，注重通过PPP模式将市场机制引入基础设施、公共服务领域，充分整合各方优势，在成本节约、风险控制、效率提升等方面都展现了资源配置的优化。

特别是2014年至2018年，国家通过制度建设、机构建设和示范项目引导，开创了一个蓬勃向上的PPP市场。首先，制度体系初步建立。坚持国际经验与我国国情有机结合，在法律、政策、指南、合同和标准等四个层面同步推进，在依法行政的前提下，实现制度设计路径明确、程序清晰、有序可控，真正做到步调统一、可操作、可执行、可推广。其次，PPP市场初步建立。中国已成为全球最大的PPP区域市场。从行业分布看，已经覆盖19个主要经济领域。从地区推进来看，已经涵盖34个省市，追赶发展地区更青睐PPP改革。从市场结构看，使用者付费方式一枝独秀的局面发生根本变化，政府市场混合付费和政府付费的占比越来越大。

PPP改革在推动基建投资改革创新方面已取得了初

步成效，基础设施形态一般表现为三种形式：一是已经建成的基础设施；二是需要改造和扩建的基础设施；三是新建基础设施。从表3-2可以看出，针对不同形态的基础设施项目，可以针对具体项目重新选择适合化解债务的PPP具体运作模式。

表3-2　　　　　　　　PPP管理模式分类及其适用

基础设施类型	PPP具体模式
存量基础设施	租赁（L）
	运维承包（O&M）
	转让—经营—转让（TOT）
扩建和改造存量基础设施	租赁—建设—运营（LBO）
	转让—建设—运营（BBO）
	外围建设（WA）
新增基础设施	建设—转让—经营（BTO）
	建设—拥有—经营—转让（BOOT）或建设—经营—转让（BOT）
	建设—拥有—经营（BOO）

存量基础设施转化为PPP模式可能有多种选择，如政府可以通过租赁、运营和维护合同承包等形式与民营企业合作，由政府向民营企业发放特许经营权证，让民营企业经营和管理。扩建和改造存量基础设施可采用的PPP模式也有若干，如政府可以通过租赁—建设—经营、购买—建设—经营、外围建设等形式与民营企业合作。

从宏观治理层面看，PPP改革把国家治理体系和治理能力现代化理念变成一种实实在在、可操作、可执行、可推广的政策机制，科学合理地划分政府与市场的关系，充分体现依法治国和发挥市场在资源配置中的决定性作用和精神，切实实现了政府"放管服"的转型。从微观项目管理层面看，PPP改革倡导物有所值价值观，通过平等合作、充分竞争、风险分配、全生命周期管理、绩效付费、透明公开等创新管理方法，增加、改善、优化和丰富公共产品和公共服务供给，提高公共资源利用效率，达到少花钱、多办事、办好事的目的。

3.2.2　地方层面

2018年以来，地方国企改革进入冲刺阶段，以深化混合所有制改革为主线不断突破多重制度障碍，为改革攻坚提供了强大动力。

上海是国内最早探索国资投资运营公司的区域之一。2018年，上海在试点基础上升级市场化方式加速资本流动，以上海国盛为平台推动发行上海国企ETF和上海改革ETF，"股权注入—资本运作—收益投资"运作模式基本成型。

浙江省不断加快探索从"管资产"向"管资本"转变的路径。2019年初浙江省国有资本运营公司等单位发起设立的百亿元规模"浙江省新兴动力基金"完成首单业务，为省内民营上市企业提供了流动性支持，缓解了企业的债务压力。此举一则为浙江金融市场发挥"稳定器""甘霖雨"的作用，放大国有资本功能；二则是引领更多社会资本参与国有资产证券化的进程。而资本除了运营好,还需要通过投资来进一步激活。2018年初,浙江省国资委将企业战略发展规划、年度投资计划等11项出资人权限下放给了浙江省能源集团和浙江省交通集团的董事会,在这两家企业开启了省级国有资本投资公司的试点工作,推动国资监管从"管企业"向"管资本"转变。

3.3 社会资源领域

3.3.1 国家层面

(1) 通过政府购买服务,优化公共社会资源配置

国务院办公厅先后于2013年印发《关于政府向社会力量购买服务的指导意见》。

通过政府购买服务方式,不断建立政府主导、社会参与、自主运行、公众监督的多元化公共服务供给体制。推进公益类事业单位改革,强化公益属性,创新体制机制,提高供给质量和效益。制定发布政府购买服务指导性目录,引入竞争机制,提高财政资金使用效率。采取人员培训、项目指导、公益创投等多种途径和方式,提升事业单位、企业和社会组织承接政府购买服务

能力。

例如，教育资源市场化配置就是利用市场机制提供多元化的教育服务的供给主体，可供教育消费者自由选择。在政府购买教育服务的实践中，大致有如表 3-3 所示的几种典型的方式。

表 3-3　　　　　　　政府购买教育服务的典型方式

购买方式	载体	路径
教育凭证计划	教育券	政府—家长—公办、民办学校（凭证兑换）
特许经营学校	合同	政府—公办学校—社会（自主购买）
补助民办教育	合同	政府—民办（津贴补助）
购买职业、社区教育	合同	政府—社会（直接购买）

（2）通过 PPP 方式，优化公共社会资源配置

国务院办公厅 2015 年印发《关于在公共服务领域推广政府和社会资本合作模式指导意见的通知》。社会公共服务类项目如养老、医疗、教育等，采用 PPP 模式，对政府来说，在项目中的投入要小于传统方式的投入；对社会组织来说，通过特许经营权，建成后通过参与运行可从中获得相应的报酬。公共服务项目 PPP 模式运作，由社会资本投资建设，既能激励社会资本提高运营效率、促进创新，又可以优化风险分配，缓释财政负担。

以养老服务为例，传统的政府购买机构养老服务的运作模式主要有三种：民办公助、公办民营、公补民用，三种模式各有利弊，但往往对服务的质量缺乏量化的评价和科学的绩效评估。PPP 模式以"民间投资、自主经营、政府扶持、依法监管、独立核算、自负盈亏"

的灵活机制，将各方利益相互衔接，实现企业高效运作、政府监督绩效、社会反馈评价等多方互动。

3.3.2 地方层面

（1）将优化公共社会资源配置与实施全面绩效管理相结合

2018年，中共中央、国务院印发了《关于全面实施预算绩效管理的意见》，提出要将绩效管理覆盖所有财政资金，贯穿预算编制、执行全过程，做到花钱必问效、无效必问责。各省将全面实施预算绩效管理理念运用于公共社会资源配置方式创新中，使其成为保障和推动高质量发展的重要举措。如浙江省围绕教育事业发展，以全面实施预算绩效管理为突破口，提高财政资源配置效率和使用效益，提高教育公共服务供给质量，重点做好以下三项工作：一是完善预算分配制度，找准突破点。建立全面规范透明、标准科学、约束有力的预算制度，要把绩效作为政府预算安排的逻辑起点，通过完善基本支出保障体系，控制、整合和优化项目支出体系，加大绩效拨款力度，逐步建立和完善基本支出拨款、项目支出拨款和绩效拨款"三位一体"的预算拨款制度体系。二是做好重点项目绩效评价，找准关键点。拓展绩效评价广度和深度，开展教育政策、教育财政制度、教育财政支出结构等重点绩效评价，发挥绩效评价在完善管理制度、优化支出结构、落实民生政策等方面的积极作用，回应社会公众关注，扩大社会影响。三是加强评价结果的运用，找准落脚点。

（2）创新和改进政府直接配置资源的方式，推进政事分开、管办分离

多地建立政府主导、社会参与、自主运行、公众监督的多元化公共服务供给体制，不断创新社会资源配置，提升养老、医疗、教育等公共服务质量。以养老服务为例，多地将政府投资建设的居家养老服务设施原则上委托第三方专业机构运营，由街道（镇）向服务机构无偿提供服务设施并依据合同拨付运营经费。在机构层面，加快公办养老机构社会化改革，积极引入竞争机制提高配置效率。一是项目社会化运营，采取服务项目外包、专项合作等方式，面向社会力量购买专业服务。如广州市老人院将部分非核心服务项目外包给各类社会组织和市场主体。二是推行公建民营，公开招投标择优选取具有一定影响力和品牌效应的专业化机构运营，委托第三方跟踪评估运营管理成效，确保国有资产不流失、服务对象不改变、保障功能有效发挥、服务质量持续提高。三是政府与社会资本合作举办。引入社会力量采取建设—运营—移交（BOT）等模式合作建设。

科学界定和正确处理政府、社会、市场、家庭、个人的责任和关系，有效整合为老服务资源。通过政府搭台、企业和社会组织唱戏、社会各界多元参与，切实发挥多元主体作用，构建人人参与、人人尽力、人人共享的共建共治共享格局。采取"企业让一点、政府补一点、慈善捐一点、个人掏一点"，调动政府、企业、社会组织、家庭和个人等方面力量和资源。积极推进医养

结合。如广州全市居家老人家庭医生签约服务人群覆盖率为65.74%；二级以上综合医院设老年病科比例为55家，占比为40.4%；养老机构医养结合服务覆盖率达85%以上，其中养老机构内设医疗机构52家。

3.4 以交易平台建设推动公共资源交易市场化改革的实践探索

3.4.1 国家层面

近年来，由国家发展和改革委员会、财政部和有关部门合力推进公共资源交易市场化改革，取得了积极成效。一方面，顶层设计有新突破。2015年，国家发展和改革委员会报请国务院印发实施了《整合建立统一的公共资源交易平台工作方案》，这是国家层面系统推进公共资源交易市场化改革的第一个指导性文件。另一方面，平台运行有新体系。2017年1月1日建成并开通运行的全国公共资源交易平台，纵横联通全国各级公共资源交易平台。2017年1月，《关于创新政府配置资源方式的指导意见》出台，公共资源与市场配置形式形成良性对接机制正在成为发展趋势。截至2017年底，全国公共资源交易平台已经汇集各类数据3300多万条，涉及交易金额近17万亿元，发布信息近560万条。总的来看，长期以来各类公共资源交易自成体系、相互封闭的格局得到扭转，公共资源配置从分散到集中、规则从分立到统一、信息从分割到共享、系统从分设到联通的新格局初步形成。

2019年5月，国家发展和改革委员会出台的《关于深化公共资源交易平台整合共享的指导意见》（以下简称《意见》）提出，将公共资源交易平台覆盖范围逐步扩大到适合以市场化方式配置的自然资源、资产股权、环境权等各类公共资源，制定和发布全国统一的公共资源交易目录指引。各地区结合本地区实际情况，制定和发布本地区公共资源交易目录。对全民所有自然资源，特许经营权，农村集体产权等资产股权，排污权、碳排放权、用能权等环境权，健全出让或转让规则，引入招标投标、拍卖等竞争性方式，完善交易制度和价格形成机制。严格执行公平竞争审查制度。鼓励同一省域内市场主体跨地市自主选择平台进行交易，推进公共资源交易平台跨省域合作。

《意见》强调，要优化公共资源交易服务。健全平台电子系统，中央管理企业电子招标采购交易系统应当通过国家电子招标投标公共服务系统有序纳入公共资源交易平台，依法接受监督管理。强化公共服务定位，公共资源交易中心作为公共资源交易平台主要运行服务机构，应不断优化见证、场所、信息、档案、专家抽取等服务，积极开展交易大数据分析，为宏观经济决策、优化营商环境、规范交易市场提供参考和支撑。精简管理事项和环节，系统梳理公共资源交易流程。推广多业务合并申请。推行交易服务"一网通办"，不断提高公共资源交易服务事项网上办理比例。《意见》还对创新公共资源交易监管体制作了部署。

该《意见》是深入推进简政放权、放管结合、优化服务改革，创新事中事后监管、建设现代市场体系的重大举措；对于提高政府管理水平和效率，防止权力寻租和滋生腐败，促进创业创新与公共资源的便捷有效对接，具有重要意义。

3.4.2 地方层面

概括地说，当前公共资源交易制度改革的核心价值（积极效应）主要是依托公共资源交易平台，开展集中交易集中监督、同时开展系列统一管理（如统一信息发布、统一操作平台、统一操作规则、统一专家库管理等）措施，强化公共资源交易的监督，较好地解决因传统的分散交易而产生的监管缺位问题，在一定程度上改善了当前的制度失灵市场失灵状况。此外，公共资源交易平台（市场）建设对改变我国公共资源交易多头管理现状、对健全与完善法律制度环境，如促进"两法"的整合方面也做出了富有深远意义的探索。

（1）地方公共资源配置方式创新的主要模式

国内除了台湾、香港、澳门以外的30个省（直辖市）目前已有18个省挂牌成立了省级公共资源交易中心。省、市、县三级公资集中交易的有形市场已多达1500多个，各类单项交易有形市场近4000个。公共资源交易市场建设最早开始于浙江省绍兴市，之后全国各地也进行了公共资源交易管理的相关探索，取得了许多有益的经验，初步形成了广西模式、湖北模式、江西模式、河北模式和浙江模式、广东模式等。

广西"权力制衡"模式。2011年，广西以建立权力制衡机制为主线，采取填平补齐方式、系统地弥补"两法"的职权关系、权责关系失衡和分散交易引致的监督缺失等不足。建立健全决策权、执行权、监督权既相互制约又相互协调的公共资源交易监管体制，理顺职能关系，积极推进公共资源交易监管体制改革，探索建立了公共资源招标投标的共同监管新机制，建立与治理结构和体制改革相适应的权力运行机制和制度环境。

湖北"综合监管"模式。湖北省设立了公共资源交易管理局，负责公共资源交易活动的集中监管，探索将原来财政及行业监管部门的监管职权全部统一集中到公共资源交易管理局，由该部门对公共资源交易活动实施管理监督。目前，山东、安徽、宁夏等省基本采用此种模式。

江西"分业监管"模式。江西在改革中明确各行业主管部门对本行业的公共资源交易业务的管理职能不变，即所有与公共资源交易有关的招标管理办法、备案方式、招标流程、评标办法、处罚措施、管理规定制定等职能完全不变，各行业管理部门建设相关模块，加强了系统建设的效率和效果。江西省监察厅为总牵头单位,对系统建设情况进行全面督导和协调;省信息中心为技术支撑单位,对系统的建设方案、技术架构、安全体系等方面进行论证和把关。

河北"多样化建设并存"模式。河北省探索形成了三种不同类型的公共资源交易市场建设方式:一是整体改革类型,即对各类交易市场进行全面整合,成立新的公共资源交易中心;设立专门机构,对工程建设招标投标、土地及矿产资源出让、产权交易、政府采购等交易过程进行全面监管。二是改造升级类型,即在原有建设工程有形市场的基础上,将房屋建筑和市政基础设施、工业(含内贸)、交通、水务等各类工程建设项目、国有政府投资项目等统一进场交易,集中监管。三是依托政务服务中心共建类型,即依靠政务服务中心已有硬件设施,设立公共资源交易中心,承担对公共资源交易活动的服务职能。

浙江"打造交易平台体系"模式。2002年率先在绍兴市开展试点,实行监管、交易机构分设,管办分离,开始了公共资源交易平台建设的探索和实践。目前,浙江基本建成了省、市、县、乡四级公共资源交易平台网络体系,也是全国第一个省级行政区域内对公共资源交易监管体制进行全面改革的省份。统一建立了由领导机构(公共资源交易工作管理委员会)、监管机构(管理委员会办公室)和操作机构(公共资源交易中心)构成的三级管理体制。

广东"一委一中心"组织模式。2012年12月,广东省政府出台《关于推进公共资源交易体制改革的指导意见》，明确提出建立"政府引导、市场运作、规范透明、监管有力"的公资交易平台和运行机制，发挥市场在公资交易中的决定性作用。2013年，作为省重要公资交易平台的广东省发展和改革委员会牵头制定了《广东省企业投资管理体制改革方案》，并就竞争性配置公共资源开发利用项目专门制定了配套方案，进一步强调了竞争性配置招标程序，并明确职责分工①。截至2013年，广东省产权集团交易量达555.8亿元，比上年成立时增长近10倍，实现营业收入7084万元，实现营业收入同比增长2倍，净利润同比增长12倍。2013年7月，广东省政府整合省机械设备成套局、省政府采购中心、省医药采购中心的相关职能和编制，组建成立省公资交易中心。这一时期，广东省将省及部分市两级原先相对独立、分散的公资招投标部门和机构进行整合，统一建立起"一委一中心"的公资管理架构和综合市场交易平台，逐步抓紧落实"统一进场交易、统一发布信息、统一招标程序、统一集中监管、统一专家库管理、统一收费标准"。2014年1月，《中共广东省委贯彻落实〈中共中央关于全面深化改革若干重大问题的决定〉的意见》指出，"建立公共资源交易平台，规范土地和公有资产交易、政府采购、招投标等行为"，并提出到2020年时改革取得决定性成果。

各省改革的主要经验体现为：一是在管理架构上设

---

① 发展改革部门负责项目竞争性配置工作的综合管理，具体负责能源（除水电外）、铁路、轨道交通和水泥项目；交通部门具体负责经营性的公路、港口码头等项目；城乡建设等部门具体负责城市供水、污水处理、垃圾处理等市政公用设施项目。

立局（办）履行综合管理职能。大多数省构建了"一委一局（办）一中心"的公共资源交易组织架构，设置"局"或"办"的组织架构，"局"或"办"实行综合监督执法或具有部分监管职能。二是制定省级公共资源交易管理制度规范管理。大部分省已出台全省或省级公资交易的相关制度。在"规范有序"上下功夫，在"阳光作业"上求实效。三是注重信息化建设和标准化建设。信息化和标准化建设是当前各公共资源市场化改革模式中普遍受到重视的方法和措施。特别是电子交易系统平台的开发建设在公共资源交易市场建设中得到普遍的运用。

（2）地方公共资源配置方式的实践——以广东省为例

广东省按照"能通过市场化配置的，都要依法采取公平竞争方式予以配置"的总体要求，认真贯彻落实中央和省关于推进公资交易体制改革的精神，因地制宜，改革创新，在公资市场化配置工作中进行了有益探索和成功实践。广东省各级政府紧紧以建设公资交易平台为重点领域和重要抓手，各级公资交易平台建设效果显著，交易范围逐步拓宽，交易管理架构和运行监管机制日渐完善，覆盖各级交易平台的制度规则逐步形成，信息化建设加快推进，网上交易规模不断攀升，交易成本大大降低，公资的配置效率有较大提高。具体表现为：

第一，大力推进公共资源交易平台建设。早在2013年7月16日，广东组建了直属省政府的省公资交易中心，该中心以省机械设备成套局、省政府采购中心和省医药采购中心为依托，公益一类事业单位。8月份成立了省公资交易工作委员会，委员会的日常工作由省财政厅承担。积极规范公资交易行为，业务规则和流程不断完善，信息化建设逐步推进，与全省重点的公资交易评审专家库完成初步对接。试点推进政府采购项目进场交易、规范运作，试点拓展综合类进场交易业务，不断丰富进场交易的内涵，探索与行业协会组织合作共建，推动公资交易服务标准化建设和行业信息数据库共享，探索公资交易场所的资源整合等方面取得了一定成效。从而大大降低了行政成本，扩大了公资的交易规模，提高了资源配置效率，使市场竞争机制的作用得到发挥，实现了政府公资交易规模效益的逐步提升。仅广东珠江三角洲地区来说，产权交易中心、工程交易中心、各级政府采购中心、技术产权交易中心、知识产权交易中心等机构数量就逾50家。

广州交易所集团在整合广州产权交易所等交易平台后成立，成为国内首个依托产权交易所组建的专业化、市场化、集团化、国际化的综合性服务机构。广州产权交易所与广州交易所集团实为"一套人马，两个牌子"。广州交易所集团拥有14个交易平台，交易品种除最初的综合产权外，还包括农村产权、碳排放权、大宗商品、涉诉资产、物流、行政事业单位资产与公共资源等十多个品种，从事相关交易平台运营和管理的专业人员约170人，其中本科以上人员约占85%。2013年，广州市依托现有政务服务平台，将工程建设项目招投标、土地使用权和矿业权出让、政府采购、国有产权交易等平台整合起来，成立广州公共资源交易中心，广州交易所集团也在当年年底成建制划入广州公共资源交易中心。

> **专栏 3-1　广州交易所集团亮点纷呈**
>
> 　　广州交易所模式是以"广州交易所设计、广州交易所标准、广州交易所定制、广州交易所价格"为核心，具有广州特色，该模式包括中小客车增量指标竞价交易，打造了具有广州特色的竞价模式；不断完善涉诉资产交易平台功能，以阳光交易助力广州市司法制度改革；开启广东省碳排放交易及普惠制，形成减排人人有利正向激励；搭建高端第三方物流交易公共服务平台，创新供应链金融服务；搭建农村土地承包经营权等农村资产交易第三方平台，培育区域性农村金融要素市场；建设区域性技术产权交易市场，首创知识产权质押融资新模式，促进科技创新与金融创新深层次结合。
>
> 　　2015 年、2016 年，广州交易所集团不断健全风险防控体系，优化交易业务流程，坚持核心业务与创新业务的双轮驱动，各项工作成效初显。
>
> 　　主营产权交易稳中有进，业务链纵向延伸。综合产权交易及大宗商品业务发展势头良好，稳中有进；"明星产品"碳交易现货成交量位居全国首位；广州商品清算中心正式运作，业务链纵向延伸，实现对资金流向、业务状况的动态监测，有效防范金融风险。

有效提升产权资本市场的金融服务功能。"互联网+交易平台+金融机构"的融资新模式有效解决了国有企业资产转让以及涉诉资产交易中"一次性付款"的难题；在碳排放配额回购交易业务的基础上，推出了托管、远期交易等碳金融创新业务；"订单+气象+保险+银行+企业"的融资业务模式，引入保险公司与气象部门协同发力。

创新培育产权市场的新发展点。全国首个绿色金融平台"广碳绿金"，为绿色投融资提供公开、安全的绿色投融资交易平台，降低绿色投融资对接成本；华南地区首家体育产业资源交易平台——广州体育产业资源交易平台，首创"体育品牌策划+产业资源整合+体育项目交易+体育金融创新""四位一体"的体育产业服务新模式；"交易平台与专业市场联动""竞价数据跨系统实时同步"的公车交易合作模式，实现了公车交易全流程电子化，开拓了产权市场的发展空间。

第二，构建全省统一的交易体制机制和配套制度体系。按照"一委一中心""一委一办一中心"的组织架构，整合现有资源，构建开放、透明、高效的公资交易工作体系，建立"政府引导、市场运作、规范透明、监管有力"的公资交易平台和制度规则。广东各地市也正积极尝试和探索，其市场化程度也各不相同，呈现出思路统一，模式多样，初见成效的良好局面。各地市高度重视公共资源交易相关制度建设，初步实现了管办分离，形成了对公共资源交易全过程的综合监管、部门监管、社会监管相互协调的监管联运机制，实现了"阳光"交易，有效地防止内部操控及由此而引发的腐败现象。

第三，交易平台作用成效显著，交易范围不断拓宽。广东省各地市还积极拓展物资类和工程类中的自然资源、国有产权、政府采购纳入统一的公资交易平台集中公开交易，具体项目包括土地使用权和出让权、水权、工程建设招投标、产权交易以及药品和医疗耗材等。深圳等地市还积极试点，将交易范围逐步拓展到服务类的行政性服务资源类，包括碳排放交易权、排污权等，部分地方的进场交易项目多达十余项甚至二十余项。以广州市为例，2016年，广州公共资源交易中心共完成公共资源交易项目123271宗，交易金额5242.11亿元，实现资金节约164.83亿元，溢价或增值175.15亿元，交易规模在全国公共资源交易中心位居前列。其中，建设工程完成招标项目14856宗，总数同比增幅6.30%，交易额2967.92亿元，比上年增加150.27亿元，对比招标控制价节约建设投资160.16亿元；政府采购完成采购项目57714宗，交易金额86.66亿元，比上年增加6.44亿元，节约资金4.67亿元；国有土地使用权公开出让及转让项目完成66宗，交易总金额704.13亿元，土地溢价144.44亿元；矿业权交易项目6宗，交易金额0.09亿元；产权及各权益类交易项目完成50629宗，成交金额1483.29亿元，增值30.71亿元。

第四，推进信息化建设，建设电子招标投标试点平台。广东全省切实加强了交易平台信息化建设的工作，并取得了一定成效。2013年9月，广东省产权交易集团挂牌成立，该集团是省属国有金融企业和面向市场的公共性平台，其所属的广东省药品交易中心获得省级第三方药品电子交易平台资格，并上线运行。省产权集团交易场所、信息系统建设等各类软硬件建设均达国内同行业一流水平，实时监控检测交易审核全过程。各地市也十分注重以信息化为手段，探索建设信息化电子交易平台，实现交易流程自动化，从技术上实现阳光采购。如广州公共资源交易中心创新机制，充分运用大数据助力公共资源交易。一是完成了建立公共资源交易数据统计分析体系，对广东、浙江、江苏、甘肃、北京、重庆、广州、长沙、南昌、宁波、成都、南京等主要省市四大板块交易业务进行统计分析；二是构建了公共资源交易综合指标体系，对交易项目数、成交金额、节约（或增收）金额、交易内容及交易方式等重要信息进行分类汇总，建立4级共63个具体指标，确定指标权重，形成了公共资源交易综合指数体系；三是选取政府采购领域关注热点，开展了中小企业景气度、政府采购资金使用效益、评审专家工作质量评价数据挖掘分析；四是完成了大数据挖掘分析阶段成果报告；五是着手研究发布"广州公共资源交易指数"。

第五，探索建立公共资源交易工作联席会议制度。以广州市为代表的地方各级政府积极探索建立网上交易涉及相关部门的联席会议制度，通过定期召开联席工作会议，互相通报重大情况，及时协调沟通有关网上公资交易监管的各类问题，建立各部门协调联动的长效工作机制，并联合制定了相关的合作协议，形成对网上公资交易市场齐抓共管的态势，真正实现统畴协调，形成合力，规范公资交易，减少人为干扰。

（3）地方公共资源配置方式创新的主要成效

第一，既有的分散平台得到逐步整合。一方面，工程建设招标投标、土地使用权和矿业权出让、国有产权交易、政府采购4大板块有序整合。另一方面，平台业务覆盖范围向其他公共资源拓展。不少省份将平台交易范围拓展到药品集中采购、海域使用权转让、特许经营权交易、罚没物品拍卖和林地林木转让等领域。

第二，交易平台信息共享和监督的作用不断加强。一是制度保障进一步强化。如国务院、国家发展和改革委员会及其联席会议成员单位建立了公共资源交易数据统计分析制度，部分地区出台了公共资源交易信息和信用信息公开共享办法。二是数据聚集分析成效初显。甘肃等地通过汇集的信息数据，定期研判经济发展走势，动态反映平台交易运行状况，监督评标专家履职行为，为宏观调控、企业决策、监督监管提供支撑。三是信息孤岛得到有效破解。贵州等省初步建立了全省统一、覆盖市县的电子交易系统，信息化建设力度大、效果好，初步实现了省市县三级跨行业跨领域的项目交易公告、资格审查、成交信息、履约信息以及信用信息的公开共享。

第三，专家资源整合力度不断加大。多个省份评标专家分类标准正在修订，为专家资源在全国共享提供基础保障。一些地方还与国家综合评标专家库进行对接，实现了国家级专家远程随机共享。另一方面，评标评审行为逐步得到规范。山西、湖北等省建立了专家黑名单制度，对存在不良行为的评标专家给予惩戒，并记入信用档案，为评标评审行为的有序规范创造了良好条件。

第四，平台服务更加高效便捷。一是交易效率大幅提高。二是交易成本进一步降低。不少地方开发网上办事系统，通过互联网递交材料，预定开评标场地、抽取评标专家，远程开展异地评标。三是违规行为逐步减少。多省市开展了公共资源交易领域红头文件清理工作，着力纠正违法违规设置许可审批、登记验证等行为。

3.5 启示与思考

3.5.1 需科学界定政府在公共资源市场化配置中的作用

进一步理顺政府与市场的关系，将政府职能限制在管理市场，维护正常的市场秩序和交易秩序方面，将主要的资源配置职能让渡给市场来完成，充分发挥市场的基础性作用；强化产权观念，深化产权界定工作，推动公共资源的所有权与使用权分离；强化公共利益观念，高度重视公共资源的公共属性，运用市场机制，打破公共资源部门和行业垄断状态，提高公共资源利用效率和服务效益。

3.5.2 合理确定公共资源涉及的初始份额和财产权利

产权的界定是市场化配置的关键和首要环节，因此涉及的公共资源产权界定明确必须得到改革文件的确定，这样涉及的市场主体才能有意愿和动力去参与市场化配置，交易成本才能降低、配置效率才能提高。若需初始额度分配的公共资源要素，如碳排放权、用能权、用水权和排污权等，政府有关部门需要根据国家整体设计、区域经济发展阶段、企业主体的竞争状况、环境污染治理成本等确定初始配额，这也是公共资源市场化配置的难点。

确定公共资源涉及的初始份额和财产权利，需不断进行产权制度改革和创新。例如，用益物权是建立在他人不动产或动产之上的一种权利，往往都是以对客体的直接占有为内容的，都是建立在不可消耗物之上的一种他物权，权利的用尽往往多以期限的截止为标志。而生态物权则是以生态物为客体构建，是建立在一种新的物的分类基础之上而进行权利构建的，权利的用尽往往是以权利证书记载中的生态价值或功能的耗尽为标志。从自然资源产权收益治理的角度，要合理地安排生态物权的收益权，使生态资源供给者和生态保护贡献者能够获得适当收益，从而对生态资源供给者和生态保护贡献者产生有效地激励。

3.5.3 需以市场化为导向，进一步创新公共资源市场化配置方式

当前，公共资源市场化配置仍存在碎片化、公权化等问题，公共资源交易平台存在定位不清，运行不规范等各种矛盾，本质上还是如何把握和处理"放管服"与加强监管之间的关系问题。如国有企业改革中困惑不少，国有企业尽管成了市场主体，但混合所有制改革效果仍不明显，不少"混改"企业资本效率不高，徒有形式而无实质，企业尚未能形成有效制衡的法人治理结构，以致经营发展过程中要么过分逐利、要么过分强调其公有制特色，而唯行政命令是从。公共产权制度未能与公私融合、机制创新的实践相互匹配。市场化改革是实现公共资源配置规范化、透明化的有效途径，也是激发市场主体活力和创造力的重要抓手。下一步，需要贯彻党的十八届三中全会"发挥市场在资源配置中决定性作用"的精神，进一步完善公共资源市场化配置体制机制，充分发挥市场的等价交换机制、信息反馈机制、优胜劣汰机制及风险—收益机制。

3.5.4 公共资源配置市场化改革成功的关键在于机制建设

改革成功的关键仍然是通过充分发挥市场建立符合市场规律的交易机制和规则。如果不对体制、机制做出根本性的改革,公共资源配置的市场化改革就不会有实质性的进展。例如,公共资源交易场所建设以及交易系统建设运营,应采取竞争性手段,坚持市场化发展的原则,各级政府部门和公共资源交易中心不得借其行政权力和影响力,非法干预、限制具备能力的市场主体依法建设和运营交易场所以及交易系统。具体而言,需从持续增加制度供给、优化交易平台体系、持续健全监管体系等方面,明确未来一个时期公共资源配置市场化改革的目标、基本原则和主要任务,促进公共资源市场化改革健康有序发展。

第 4 章

公共资源配置方式创新中存在的问题

尽管我国在国家和地方层面资源配置创新中取得了不少成绩,如公共资源配置市场化取得新的进展,实践中暴露的问题也不容忽视,主要表现为顶层设计确认缺失、公共资源产权边界不清、会计核算基础不失、创新动力不足、评估体系缺乏等方面的问题。

4.1 顶层设计缺失

我国公共资源配置方式创新伴随着经济转型而发生变化的,总体上是"沿着石头过河",走一步看一步,创新实践大多是局部和碎片化,缺乏总体规划。具体表现为:

4.1.1 公共资源配置的定义碎片化

对于公共资源配置,目前并没有明确的定义,在《国务院办公厅关于推进公共资源配置领域政府信息公开的意见》(国办发〔2017〕97号)中,公共资源配置通过列举的方式加以说明,主要包括保障性安居工程建设、保障性住房分配、国有土地使用权和矿业权出让、政府采购、国有产权交易、工程建设项目招标投标等社会关注度高,具有公有性、公益性,对经济社会发展、民生改善有直接、广泛和重要影响的公共资源分配事项。这种用正面清单列举的方式有其缺陷性,公共资源配置的范围可以通过"等"无限扩大,与市场经济的负面清单管理相违背。例如,国办发〔2017〕97号没有明确类似财政资源(典型是财政资金)是否属于公共资源，如果不属于公共资源，那么防范公共风险和财政风险的公共财政理论和政策体系无法解释；如果是公共资源，那么财政资源的配置逻辑如何与现有其他公共资源配置逻辑衔接也是一个重大的理论问题。此外，政策性金融也属于公共资源，也缺乏理论上的清晰界定。

4.1.2 公共资源配置方式的目标原则不清晰

由于公共资源配置方式创新大多是在局部地区和部分行业推进的，创新实践带有很大的过渡性，对于我国公共资源配置为什么要创新、如何创新、创新的原则和路径等基本问题缺乏统一的认识，结果出现创新的地区化、部门化，甚至公共资源创新改革出现相互抵触的现象，影响公共资源配置方式创新的总体效果。

4.1.3 缺乏指导公共资源配置方式创新的指导意见

目前，各试点都已制定或正在制定排污权有偿使用和交易试点管理暂行办法，但在国家层面，除了2014年的《进一步推进排污权有偿使用和交易试点工作的指导意见》尚无明确具体的法律法规。法律法规不完善、不统一导致缺乏国家层面的统一监管，各试点交易制度的设计缺乏合理性容易导致违规操作，"一地一制度"的问题也使得排污权的定价没有权威性。此外，《中共中央办公厅、国务院办公厅印发〈关于创新政府配置资源方式的指导意见〉的通知》（中办发〔2016〕75号）提到了鼓励创新政府配置资源的若干原则性意见，但这个文件并没有对公共资源与政府配置资源进行清晰界定。实际上，公共资源的概念要比中办发〔2016〕75号的范围要大，因此就出现了无法对业已存在的众多公共资源配置方式创新制定统一的指导性意见。

4.2 公共产权模糊

公共资源配置市场化创新的前提条件之一是公共资源和资产的产权界定要清晰。我国是社会主义国家，公共资源无论是种类还是数量都很大，公共资源产权清晰更有必要。我国公共资源产权不清主要体现在以下几个方面：

4.2.1 公共产权主体不清

历史上，我国大量国有资产（如行政事业单位国有资产）是通过国家划拨形成的，政府部门和单位没有办理确权手续或者虽有办理确权手续但由于机构变革和单位名称变更等多方面的原因，导致有一部分行政事业单位占有、使用的国有土地、房屋原始资料凭证丢失或不齐全,没有及时办理所有权登记或不办所有权登记,部分行政事业单位的土地和房屋等并未取得相关的权属证明。由于"所有权证"的缺失,"产权登记证"依据不足,各单位在改制或者变更土地用途过程中,普遍感到产权变动成本高,程序复杂。由于产权主体不清,给国有资产的市场化配置带来直接的挑战。

4.2.2 公共产权内容不清

公共产权包括占有、使用、收益和处置等系列权利,各个环节、各个要素的边界应当清晰、公开和透明,但现实并非如此。现有的公共资源较多注重末端市场化,如土地和矿业权的"招拍挂",但在公共资源前期的规划、收益分配等环节,则缺乏市场化所需要的透明和公开的规则,公共资源配置出现"伪市场化"现象,公共资源收益在初次分配环节就已经被扭曲异化,国家所有者权益缺乏保障,大量资源收益隐性流失。又如,中央对地方大量基础设施的投入不能形成中央层面的国有资产而只是形成地方的国有资产,导致中央国有资产产权收益被虚置,为日后的公共资源市场化配置带来隐患。

4.2.3 公共产权管理不清

公共资源产权管理不清主要由于以下几个方面引

起：其一，产权主体多元化导致产权管理不清。一般认为，我国公共资源的产权主体是国家，政府是国家产权主体的单一代表，其实并非如此。以公共基础设施为例，按照产权权属，公共基础设施资产可以分为国有公共基础设施资产、集体所有公共基础设施资产、私人所有公共基础设施资产。国有公共基础设施资产是由国家出资建设，并由国家相关部门管理的公共基础设施资产；公有基础设施资产，是由民众出资建设、集体所有的基础设施资产，例如集体出资建设的乡村道路；私有基础设施资产是由私人出资形成、但是性质属于公共基础设施的资产，例如一些由私人出资修建的小型田间水利设施。这样多元化的产权结构最终必然会导致公共基础设施管理的混乱，不仅仅是在统一管理上设置障碍，并且在养护维修上造成一定程度的纠纷。其二，多部门"九龙治水"管理模式降低了公共资源产权管理效率。以公路为例，我国公路产权的管理主体因公路的功能和产权主体不同而划分为不同的部门或单位管辖，普通的国道、高速公路等属于公共交通基础设施，归属于交通部门统一管理，但是城市内的道路又属于市政基础设施，归属于市政部门管辖。同一套交通体系却由不同的部门分别管辖，这就导致公共基础设施事权划分的割裂，最终导致公共基础设施资产管理上的合成谬误，造成管理上缺位与越位并存的混乱局面。

4.3 核算基础不实

公共资源和资产由于以下几方面的原因导致其会计核算基础不牢,影响了公共资源和资产市场化的配置。

4.3.1 会计主体确认难

公共资源配置方式创新特别是在公共资源市场化配置的微观基础是会计主体可确认,以便于在办理产权交割手续中能够准确计量,但在实践中会计主体确认并非易事。以公共基础设施为例,会计主体确认由于以下两个方面导致会计主体确认难度加大:

(1) 公共资源投入渠道多

例如,一项公共工程可能由市级主要负责资金,而征地拆迁大包干由各县区负责征地拆迁,同时主体工程外的配套工程要求区县负责资金筹集,这造成一项工程有多项渠道来源,有多项的支出会计主体,这给确保该项目的核算完整和准确和"公共基础设施"核算的正确性带来难度。

(2) 在地方中还存在大量的建设指挥部或者临时的负责机构

这些机构只负责基建项目的建设，既不负责相关资产的后续管理，也不办理公共基础设施的移交手续，致使大量资产权属关系不明。这造成会计主体确认困难，即使会计主体确认，其相关的公共基础设施入账价值也难以确认。

4.3.2 核算价格确认难

公共资源价格核算难度大主要体现在：
（1）原先的核算体系
之前，公共资源资产实行现收现付制，按照当时价格取值，这个日后的市场化处交易带来难度。
（2）供求关系
公共资源不同于私有资源，其价格市场竞争不充分，市场价格不好确认。
（3）公允价格存在现实难题
用公允价值比历史成本能更真实地反映资产的价值，但公允价值这种计量属性是基于公平交易，熟悉情况的交易双方自愿进行资产交换或者债务清偿的金额，而在我国公共资源（如交通基础设施类）资产并不存在一个开放的市场。不完善的市场体制，给政府交通基础设施类资产的计价带来了一定的困难。

4.3.3 资产负债表编制难

除确认会计主体、明确资产价格之外，公共资源配置方式创新还要解决其财务报表中的资产负债表，但由于历史和现实的原因，资产是否得以和能够得以确认，负债是否应该应确认等问题都存在一定的难度，这将给公共资源市场化配置带来难度。

4.4 创新动力不足

除了上文所说的公共资源产权不清、计价不清、资产负债不清等原因导致公共资源方式创新难度加大之外，还有以下因素导致公共资源配置方式创新动力不足：

4.4.1 路径依赖

公共资源配置方式创新意味着改革的红利，同时也意味着风险，在当前问责力度加大的背景下，不少部门和单位习惯了现有管理模式。在路径依赖的惯性模式下，这些部门和单位不愿进行新的尝试。

4.4.2 既得利益集团的反对

公共资源配置方式创新本身就意味着触动公共部门

相关方的既得利益，因而在实际操作中各部门不愿意主动推出相关改革举措。

4.4.3 约束不足

在相关部门创新改革动力不足的情况下，没有足够的资料表明，实行改革创新比不改革创新的效果要好，上级部门或者同级政府也就不好硬性提出改革要求。

4.4.4 激励不足

现有的公共资源配置方式创新大多在地方政府层面，属于本级政府事权，目前不少改革尚处于该给试点探索阶段，效果也只是初步的，上级政府因而没有给出激励政策措施。由于缺乏上级政府的有效激励，下级政府和部门推进公共资源配置方式创新的积极性不高也就不难理解了。

4.5 评估体系缺乏

目前有关政府绩效的评估，主要集中在两个方面：一是政府绩效评估，评估各政府部门和行政事业单位的履职绩效；二是 2019 年出台的中发 34 号文件，对项目、政策、部门支出情况和政府预算情况进行全过程、全生命、全范围的评估，这个评估是基于预算绩效管理角度而言的。从目前的文献来看，对公共资源配置方式创新的评估几乎是空白。无论是国家层面还是地方层面，对公共资源配置方式创新的效果（是促进了效率还是提升了公平）如何，鲜有专门的文献提及。

由于缺乏公共资源配置方式创新的评估体系，相关政府部门和单位外无压力，内无动力，相关部门只是在本部门、本系统内推进改革。这种状况如果长期持续，既会影响相关部门从事改革创新的积极性，社会公众也不清楚现有的公共资源配置方式是否真正达到预期目标。

第 5 章

进一步完善公共资源配置方式创新的思考

5.1 基本原则

5.1.1 安全原则

公共资源不同于私人资源，前者强调国家和社会公众利益，这是公共资源赖以存在的前提。无论公共资源配置如何创新，其安全性（包括国家安全、社会安全、生态安全乃至经济安全等）是公共资源配置创新的首要条件，决不能因为是公共资源配置创新而忽视公共资源配置的安全。当然，公共安全也是有边界的，不能滥用，不能动辄以安全为由，阻止公共部门的改革和开放，抑制公共资源配置方式的创新。

5.1.2 效率原则

公共资源的基本职能是为全社会提供安全的公共服务，政府配置公共资源创新的目的就是提供有效率地提供这种公共服务，效率原则是公共资源配置方式创新的标志性原则。效率是一种结果导向，实现有效率地配置公共资源的途径或者方式有多种，至少包括以下几类：

（1）市场化配置

市场化配置不是完全的市场配置，否则就是完全的私有化，这在中国现有的国情环境下也是不允许的。但市场化配置公共资源可通过明晰产权、价格竞争、公共资源要素流动等市场化手段提高全要素生产率，以优化资源配置效率和效益。

（2）结构化行政配置

政府在保持行政配置公共资源的前提下，通过结构性配置资源（如财政分权和政府职能调整等）实现不同政府主体（中央和省级政府）和政府内部资源配置方式的变化进而达到优化公共资源配置效率的目的。

（3）社会化配置

公共资源特别是某些社会资源也通过社会主体（如NGO等）来配置。通过利用民间组织和社会公益组织的优势资源达到优化全社会公共资源配置的目的。

5.1.3 公平原则

公共资源配置方式创新也要遵循公平原则,要求公共资源配置方式的规则公平、起点公平、过程公平和结果公平。在公共资源配置方式创新过程中,很容易出现以创新和效率为名,损害社会公众利益。我国之前社会领域(如医疗卫生领域)出现的过度市场化实践表明,以市场化为名的过度市场化并不是一种创新,甚至可能是一种以创新为名的倒退。本书认为,并非所有公共资源配置创新都一定要追求市场化,如果基于效率的市场化配置资源方式影响甚至损害到了大部分人的利益,我们就应反思这种公共资源配置方式的市场化是否是伪市场化,其市场化背后的规则是否违背了公平正义原则,进而需要及时纠偏公共资源配置方式创新中存在的这样或者那样的问题。

5.1.4 共治原则

公共资源配置方式创新要解决"创新"本身的问题。以什么样的方式推进公共资源配置方式创新,涉及公共资源配置方式创新的另外一个原则,即遵循封闭的本位原则(政府关起门来推进创新)或者开放的共治原则(引入政府以外的各类主体开门创新)?本书认为,前者是闭门造车,结果是很容易出现倒退;后者是开放兼容，结果通常是促进公共资源配置方式的有效公平配置。当然，共治原则也要吸收政府以外主体配置资源的长处和精髓，要本着拿来主义的精神，扬长避短，包容并蓄，推动公共资源配置方式的开放共治和互利共赢。

5.2 若干建议

5.2.1 明确顶层规划

（1）明确公共资源及其配置方式的内涵和外延

现有《国务院办公厅关于推进公共资源配置领域政府信息公开的意见》（国办发〔2017〕97号）等文件对公共资源及其配置的定义需要进一步完善，建议将公共基础设施纳入公共资源范畴，社会资源中属于公共资源的部分也要进一步明确，公共资源配置方式也要进一步明确，包括行政配置、市场化配置以及社会化配置等。

（2）明确公共资源配置方式创新的目标

建议国家出台《公共资源配置方式创新的目标指引》，根据国家2025年、2035年以及2050年发展规划，明确我国公共资源配置目标，并在此基础上确定公共资源配置方式的技术路线图。

(3) 出台公共资源配置方式创新的指导意见

近期出台公共资源配置方式指导意见，明确各地区和各部门公共资源配置的工作重点以及事权划分，从体制机制和组织保障上推进公共资源配置方式创新工作。

5.2.2 界定公共产权

公共资源配置市场化创新的前提条件之一是公共资源和资产的产权界定要清晰。我国是社会主义国家，公共资源无论是种类还是数量都很大，公共资源产权清晰更有必要。当前及今后一段时期，我国公共资源产权界定可从以下方面推进：

(1) 明确公共产权主体

首先，逐步解决过去手续缺失、单位变更等问题带来的产权主体不清晰历史遗留问题。这项工作是一项复杂的系统过程，其间要处理好各种矛盾关系，但确权工作一定要坚持下去，历史一再证明，唯有明晰的产权主体才能保障产权内容的明晰。其次，明确公共产权主体的代表机构。公共产权主体一般指向是明确，但也有例外情形，典型的是集体土地的产权主体——是村集体、村委会还是乡集体——在现实中存在模糊，需要通过制度完善来解决。

(2) 明确公共产权内容

在产权主体明确的前提下，要明确产权内容（包括占有、使用、收益和处置等），并保障各产权内容之间边际是清晰的、内容是明确的。另外,对于不同投资主体(如中央政府和地方政府)而言,要明确各自投资主体的所有者权益,防止其中的部分投资主体的权利被侵蚀。

(3) 明确公共产权管理权限

首先,厘清不同产权主体的产权管理职责。在产权主体多元化的背景下,要承认相关投资者的所有者权益,同时明确各投资者的职责,可借企业股份制和公司董事会的治理结构,通过合同规定明确各方的产权管理职责和义务事项。其次,明确公共产权管理与行政管理的边界。当前,多部门"九龙治水"管理模式在很大程度上混淆了作为财产权利所有者和作为行政管理主体的政府部门之间的边界范围,前者所有者代表是国务院、中央各部委、地方政府等,后者则是政府各部门等。从形式上,两种权利的主体似乎同一,而且产权主体的财产权的合法形式也有较大的不确定性和模糊性——从法律上似乎没有明确赋权,这为政府相关部门的两种权力的行使提供了制度基础,也为权力运行的模糊提供了制度障碍。可以说,我国公共资源配置方式创新中产权问题之所以难以根本解决,与"制度的有意识模糊"安排有关。因此,要界定两种权利的边界,需要国家通过法律法规的形式明确赋权。当前,这种状况有了明显好转,财政部成立资产司行使资产管理职能就是例证。本书认为,我国规范的公共资源产权运行,仍然需要通过制度进一步明确。

5.2.3 夯实核算基础

公共资源配置方式创新之所以难以推动,一个重要原因是其会计核算基础不扎实。为了有效推动公共资源配置方式创新,需要在以下方面开展工作:

(1) 确认会计主体

尽管会计主体确认工作在是实践中存在难度,但这项工作并非遥不可及,当前及今后要解决的问题是在投资主体多元化的背景下,如何确定会计主体。本书建议,如果现有制度没有明确规定会计主体的确认,需要在制度上予以确认。

(2) 确认核算价格

根据当前权责发生制财务会计制度的要求,寻求通过公允价值、重置成本等多种考虑,对公共资源和资产价格进行科学合理的确认。

(3) 做好资产负债表编制工作

除确认会计主体、明确资产价格之外,公共资源配置方式创新还要解决其财务报表中的资产负债表。但由于历史和现实的原因,资产是否得以和能够得以确认,负债是否应该应确认等问题都存在一定的难度,这将给公共资源市场化配置带来难度。

5.2.4 增强创新动力

公共资源配置方式创新有利于提高公共资源配置效

率，减少财政支出压力，同时政府能够通过公共资源这个载体和平台为全社会提供更多的优质服务。但如前所述，公共资源配置方式创新很容易出现创新动力不足、创新不可持续的问题，为此需要在如下方面入手：一是建立容错纠错机制，营造有利于创新的外部环境，要鼓励各级政府、各部门大胆创新；二是寻求创新的合作共赢，公共资源配置方式创新最终有利于各方，为此要建立开发的创新机制，通过市场引入、社会共治等方式开展多方面的创新实践，让各方能够理解并最终接受；三是上级政府和有关部门也要提出创新的具体要求，包括创新的重点、思路、目标以及标准等；四是提供有利于创新的政策激励举措，调动相关方的创新积极性。

5.2.5　建立评估体系

公共资源配置方式创新的评估要借鉴政府绩效评估和预算绩效管理评估的精髓：一方面，公共资源配置方式创新属于政府事权，涉及公共资源配置公平效率等多方面的评估；另一方面，公共资源配置方式创新也需要预算经费安排，需要对公共资源配置方式创新的预算进行全过程、全生命、全范围的评估。

需要指出的是，公共资源配置方式创新的评估也要本着实事求是的态度，因为创新有可能成功，也有可能失败。为此，评估体系也要评估公共资源配置方式创新的可行性研究，以对公共资源配置方式创新作出客观判断，为下一步公共资源配置方式创新的科学决策提供依据。

参 考 文 献

[1] 赵路宽. 改革开放后家庭联产承包责任制形成过程探析 [D]. 河海大学, 2016.

[2] 常婧. 改革开放以来农村土地制度改革对乡村振兴的启示 [J]. 前进, 2018 (10): 10-12.

[3] 杨璐璐. 改革开放以来我国土地政策变迁的历史与逻辑 [J]. 北京工业大学学报（社会科学版）, 2016, 16 (2): 18-29.

[4] 范振林. 矿产资源资产管理体制改革的对策建议 [J]. 矿产保护与利用, 2017 (5): 8-13.

[5] 何雅文. 农村土地制度变迁的经济原因分析 [J]. 中国集体经济, 2018 (36): 1-2.

[6] 石晓平, 曲福田. 土地资源配置方式改革与公共政策转变 [J]. 中国土地科学, 2003 (6): 18-22.

[7] 黄征学. 我国城镇化进程中的土地制度变迁 [J]. 宏观经济管理, 2018 (11): 33-42.

[8] 郝晓明, 郑宇, 童冠萍. 新中国土地管理制度的历史沿革 [J]. 中国工程咨询, 2016 (4): 41-43.

[9] 钟国辉. 新中国土地制度变迁研究 [J]. 经济

师，2016（2）：53-54.

[10] 蒋永甫，胡孝雯. 制度变迁与农民发展：农村改革40年的政策逻辑[J]. 学习论坛，2018（10）：5-13.

[11] 王永生. 走向适应市场经济要求的矿政之路——我国地质矿产行政管理改革40年回顾[J]. 南方国土资源，2018（9）：16-20.

[12] 国家经贸委资源节约与综合利用司，国家经贸委. 环保产业发展"十五"规划[J]. 有色设备，2001（6）：1-7.

[13] 生态环境部规划财务司. 中国排污许可制度改革：历史、现实和未来[EB/OL]. http：//www.qstheory.cn/zoology/2018-09/12/c_1123419586.htm，2018-09-12.

[14] 王跃. 排污许可制度立法研究[D]. 广西大学，2018.

[15] 文云飞. 中国排污权交易政策减排效果评估[D]. 浙江财经大学，2016.

[16] 曹金根. 排污权交易法律规制研究[D]. 重庆大学，2017.

[17] 王金南，董战峰，杨金田等. 排污交易制度的最新实践与展望[J]. 环境经济，2008（10）：31-45.

[18] 国家环境保护部局. 国家环境保护"十五"计划[M]. 北京：中国环境科学出版社，2002.

[19] 中华人民共和国国务院. 国务院关于落实科

学发展观 加强环境保护的决定国发〔2005〕39号[J]. 环境保护, 2006 (4): 4-9.

[20] 李挚萍, 陈惠珍. 排污交易制度的政策机遇与制度挑战——十八届三中全会决定的法律解读 [J]. 环境保护, 2014, 42 (5): 34-37.

[21] 国务院办公厅. 关于进一步推进排污权有偿使用和交易试点工作的指导意见 [J]. 农业技术与装备, 2014 (15).

[22] 关于加快推进生态文明建设的意见 [J]. 中国资源综合利用, 2015 (5): 3-9.

[23] 新华社. 国办印发《控制污染物排放许可制实施方案》[J]. 环境保护与循环经济, 2016, 36 (11).

[24] 王彬辉. 我国碳排放权交易的发展及其立法跟进 [J]. 时代法学, 2015, 13 (2): 13-25.

[25] 孙翠华. 中国碳市场发展进程 [J]. 国家电网, 2013 (12): 55-56.

[26] 生态环境部. 生态环境部: 全国碳市场建设已具备坚实基础 [EB/OL]. http://m.xinhuanet.com/2018-09/06/c_1123391165.htm, 2018-09-06.

[27] 生态环境部. 多举措加快全国碳排放权交易市场建设 [EB/OL]. http://www.scio.gov.cn/xwfbh/xwbfbh/wqfbh/37601/39346/zy39350/Document/1642263/1642263.htm, 2018-11-26.

[28] 孙永平. 中国碳排放权交易报告 (2017) [M]. 北京: 社会科学文献出版社, 2017: 38-39.

[29] 杨锦琦. 我国碳交易市场发展现状、问题及其对策 [J]. 企业经济, 2018, 37 (10): 29-34.

[30] 汪恕诚. 水权和水市场——谈实现水资源优化配置的经济手段 [J]. 中国水利, 2000 (11): 6-9.

[31] 王亚华. 关于我国水价、水权和水市场改革的评论 [J]. 中国人口·资源与环境, 2007 (5): 153-158.

[32] 张莲莹. 水资源有偿使用制度法律问题研究 [D]. 昆明理工大学, 2017.

[33] 薛福洋. 中国水权市场运行效果 [D]. 大连理工大学, 2017.

[34] 新华网. 水权改革取得重要进展 多模式水权交易格局初步形成 [EB/OL]. http://www.xinhuanet.com/2017-12/22/c_1122150524.htm, 2017.

[35] 杨东平. 中国环境的转型与博弈 [M]. 北京: 社会科学文献出版社, 2007.

[36] 刘云杰, 石玉波, 张彬. 我国水权交易发展现状及推进对策分析 [J]. 中国水利, 2016 (21): 1-2, 5.

[37] 周海川, 国有森林资源资产有偿使用制度探悉, 林业经济问题, 2017 (1).

[38] 刘尚希, 吉富星. 公共产权制度: 公共资源收益全民共享的基本条件 [J]. 中共中央党校学报, 2014 (5).

[39] 叶榅平. 自然资源国家所有权主体的全民性及实现机制 [J]. 贵州省党校学报, 2017 (2).

[40] 刘立峰. 地方政府的土地财政及其可持续性研究 [J]. 宏观经济研究, 2014 (1).

[41] 宋宜农. 新型城镇化背景下我国农村土地流转问题研究 [J]. 经济问题, 2017 (2).

[42] 刘晓敏. 经济法视野下公共资源市场化配置研究 [D]. 山西大学硕士毕业论文, 2016.

[43] 胡晓兰. 教育资源配置的市场化改革研究——政府购买公共服务的分析视角 [D]. 沈阳师范大学硕士毕业论文, 2017.

[44] 包杰. 公共资源交易市场化改革中的政府角色研究 [D]. 湖南大学硕士毕业论文, 2016.

[45] 杜洪涛. 智慧城市公共资源交易平台建设经验与借鉴——以秦皇岛市为例 [J]. 城市发展研究, 2017 (8).

[46] 周志鹏. 公共资源市场化配置的地方经验与启示——以宁波、温州、菏泽和厦门为例 [J]. 中国经贸导刊, 2016 (5).

[47] 张锐. 分类导向创新政府配置资源方式 [J]. 上海企业, 2017 (2).

[48] 贾康. 公共资源竞争性配置的阳光机制 [J]. 中国招标, 2017 (42).

[49] 卓越, 陈招娣. 加强公共资源管理的四维视角 [J]. 中国行政管理, 2017 (1).

[50] 陈宪. 浅析公共资源配置中的公平与效率问题——陈宪教授在上海社会科学院的讲演 [J]. 文汇报, 2009-11-02.

［51］刘航波. 强化引领 紧贴主线 推进公共资源配置市场化改革［J］. 中国招标，2017（21）.

［52］刘尚希，吉富星. 公共资源的公共产权不能缺位［J］. 经济研究信息，2015（2）.

［53］贺大伟，肖国兴. 资源配置市场化改革的法律边界与制度抉择——基于经济法视角的分析［J］. 上海行政学院学报，2017（5）.